Alles Liebe zu deinem
5. Geburtstag
und viel Freude mit
dem Buch
wünschen dir Franz
Omi Simone und Onkel Rainer

Wir entdecken die

NATUR

Tiere, Pflanzen, Lebensräume

Bärbel Oftring / Eckart Pott

Wir entdecken die
NATUR
Tiere, Pflanzen, Lebensräume

Ravensburger Buchverlag

Inhalt

Auf jeder Doppelseite findest du eine Frage zum jeweiligen Thema. Weißt du die Antwort? Die Lösungen findest du auf Seite 190.

Der Blaue

Planet

Unsere Erde ist fast fünf Milliarden Jahre
alt. Soweit wir wissen, ist sie der einzige
Planet im Universum, auf dem es
Leben gibt. Voraussetzungen dafür
sind Sauerstoff und Wasser. Der
größte Teil der Erdoberfläche
ist von Wasser bedeckt. Deshalb erscheint die Erde, aus
dem Weltraum betrachtet,
blau. Unsere Erde ist ein einzig-
artiger Planet mit unzähligen
Landschaften und Lebensformen.

 Unsere Erde

Sonne

Die Sonne ist ein riesiger Stern aus glühenden Gasen und der Mittelpunkt unseres Sonnensystems. Die Erde kreist auf einer festen Bahn um die Sonne. Ein Umlauf dauert ein Jahr. Die Sonne versorgt die Erde mit Wärme und Licht. Ohne sie wäre auf der Erde kein Leben möglich.

Polarlicht

Sternschnuppe/ Meteorit

Troposphäre (bis 15 km Höhe)

Wolken

Atmosphäre

Die Erde ist von einer Schicht aus Gasen umgeben. Das ist die Atmosphäre. Die unterste Schicht heißt Troposphäre oder Wetterschicht. Hier bilden sich Wolken und hier findet das Wetter statt. Die Atmosphäre enthält in der Nähe der Erdoberfläche Sauerstoff, den die Tiere und Menschen zum Atmen brauchen.

Weißt du's
Um welchen Stern kreist die Erde?

Unsere Erde

Erde

Die Erde ist der einzige Planet, den wir kennen, auf dem es Meere gibt. Über 70 Prozent der Erdoberfläche sind von ihnen bedeckt. Darum heißt die Erde auch Blauer Planet. Auf den Festländern überwiegen die grünen, gelben und braunen Farben der Wälder, Wüsten, Berge und Täler.

Mond

Der Mond kreist in knapp einem Monat einmal um die Erde. Er leuchtet nicht selbst, sondern wird von der Sonne angestrahlt. Je nachdem, wo er steht, wird er von der Erde beschattet. Wir sehen das als Mondphasen: Vollmond, Halbmond oder Neumond. Bei Neumond ist der Mond nicht zu sehen.

Im Erdinneren

Das Innere der Erde ist heiß und besteht aus geschmolzenen Gesteinen, dem Magma. Als die Erde entstand, war auch die Erdoberfläche noch glühend heiß und flüssig. Im Laufe der Jahrmilliarden kühlte sie ab und es bildete sich eine feste Erdkruste.

Der Aufbau der Erde

Schichten der Erde

Der Erdkern besteht aus sehr heißem Eisen und Nickel. Im inneren Kern sind sie fest, im äußeren Kern sind sie flüssig. Der untere Mantel aus festem Gestein umgibt den Kern. Auf dem oberen Mantel aus flüssigem Gestein schwimmt die feste Erdkruste.

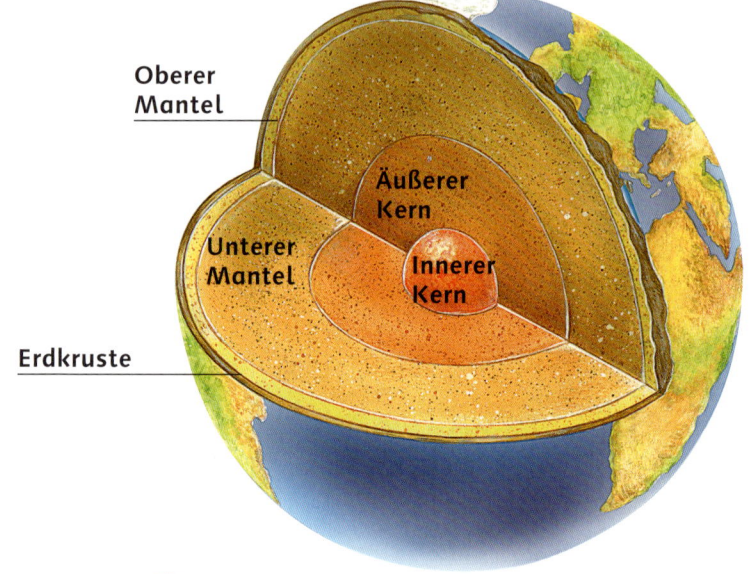

Oberer Mantel

Äußerer Kern

Unterer Mantel

Innerer Kern

Erdkruste

Erdkruste

Die Erdkruste besteht wie ein Puzzle aus vielen kleinen und großen Platten. Sie bilden den Meeresboden und die Landmassen und sind ständig in Bewegung. An der San-Andreas-Verwerfung in Kalifornien gleiten zwei Platten aneinander vorbei. Dort gibt es viele Erdbeben.

Plattenbewegungen

An der Erdoberfläche sieht man das Ergebnis der Plattenbewegungen: Gebirge, Täler, Gräben, Verwerfungen und Vulkane. Auch Erdbeben entstehen durch diese Plattenbewegungen.

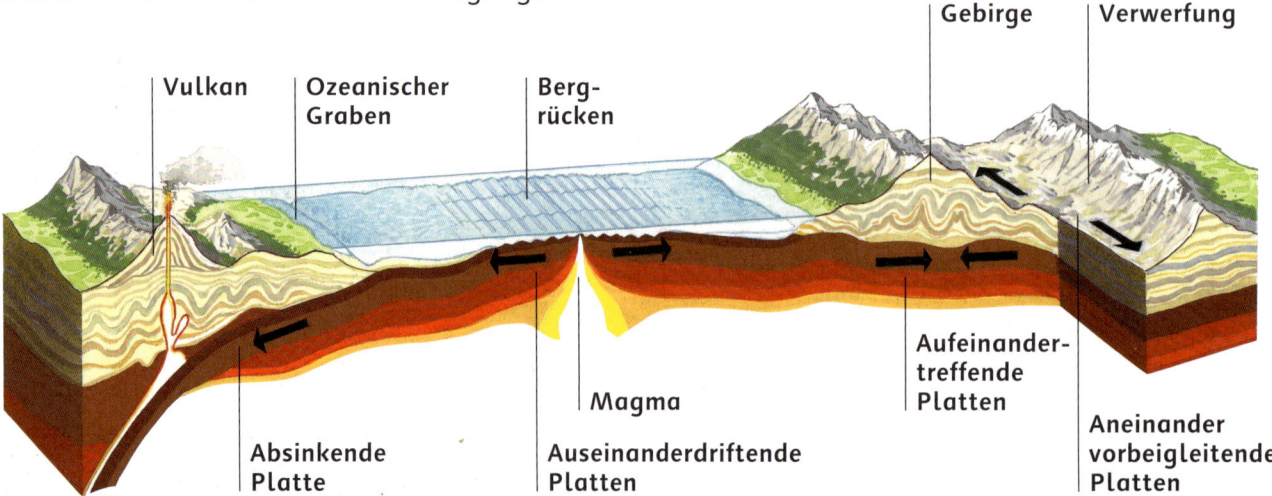

Gebirge

Verwerfung

Vulkan

Ozeanischer Graben

Bergrücken

Magma

Absinkende Platte

Auseinanderdriftende Platten

Aufeinandertreffende Platten

Aneinander vorbeigleitende Platten

Der Aufbau der Erde

Heiße Quellen

An manchen Stellen, zum Beispiel in vulkanischen Gebieten, reicht das heiße Magma bis dicht unter die Erdoberfläche und heizt das Gestein auf. Wenn sich dort Wasser in einem kleinen Tümpel oder See sammelt, wird es erhitzt und bildet eine heiße Quelle.

Weißt du's
Woraus besteht der Erdkern?

Kontinente

Die großen zusammenhängenden Landteile der Erde heißen Kontinente oder Erdteile. Sie liegen auf den Platten der Erdkruste. Die Kontinente der Erde sind Europa, Asien, Afrika, Nordamerika, Südamerika, Australien und die Antarktis.

Das Satellitenfoto zeigt Italien. Das Land liegt auf dem europäischen Kontinent.

✳ Die Bausteine der Erde

Bergkristall

Gesteine

Die Erdkruste besteht aus festem Gestein. Es gibt viele verschiedene Gesteine, die auf unterschiedliche Weise entstanden sind – manche in großen Tiefen, andere auf dem Grund der Gewässer. Granit gehört zu den häufigsten Gesteinen der Erdkruste. Es besteht aus verfestigtem kaltem Magma.
Sedimentgesteine wie Sandstein bestehen aus kleinen Sedimentteilchen. Sie entstanden am Gewässergrund, wo sich absinkende Sandkörnchen im Laufe von Millionen Jahren zu immer dickeren Schichten sammelten. Durch Druck von oben wurden sie schließlich zu festem Gestein.

Granit

Mineralien

Mineralien sind chemische Elemente, die die verschiedenen Gesteine bilden. In Hohlräumen der Erdkruste können Mineralien zu großen Kristallen wachsen, so wie der Bergkristall im Bild oben. Er besteht aus Quarz, einem der häufigsten Mineralien der Erde.

Sandstein

Die Bausteine der Erde

Smaragd

Edelsteine

Edelsteine sind besonders schöne und seltene Mineralien. Zu ihnen gehören etwa der grüne Smaragd, der rote Rubin und die glasklaren Diamanten. Edelsteine sind kostbar, weil selten, und werden zu Schmuckstücken verarbeitet. Sie sind auch besonders hart. Deshalb benutzt man Diamanten zum Bearbeiten von harten Materialien.

Info

In den Gesteinen befinden sich auch zahlreiche Metalle wie Gold, Silber, Eisen oder Kupfer. Nur an wenigen Stellen liegen diese Metalle in reiner Form vor und können einfach abgebaut werden. Meist sind sie als Erze chemisch an bestimmte Gesteine gebunden.

Weißt du's
Zu welcher Gesteinsform zählt Sandstein?

Fossilien

In bestimmten Gesteinen sind auch die versteinerten Überreste oder Abdrücke von Pflanzen und Tieren erhalten, die vor langer Zeit gelebt haben. Diese Fossilien geben uns einen kleinen Einblick in die Urzeit der Erde.

Trilobit (Dreilappkrebs) aus dem Erdaltertum

 # Berge, Täler und Gletscher

Gletscher

In den Polargebieten und kalten Regionen der Gebirge bedecken riesige Eis- und Schneemassen die Gesteine. Als Gletscher schieben sie sich allmählich den Berghang hinunter. Dabei schaben sie das Gestein ab und führen es mit sich. So entstehen im Lauf der Zeit tiefe Täler. Am unteren Ende des Gletschers schmilzt das Eis. Das Wasser fließt in die Bäche oder ins Meer.

Berge

Berge entstehen, wenn zwei Erdplatten aufeinandertreffen und das Land dabei zu hohen Erhebungen auffalten. Auf den Berggipfeln ist es kälter als am Fuß der Berge. In den Höhen bleibt der Schnee oft den ganzen Sommer lang liegen.

Weißt du's
Wie heißt das größte Gebirge Europas?

Das Matterhorn in der Schweiz ist einer der bekanntesten Berge der Welt.

Berge, Täler und Gletscher

Gebirge

Berge kommen meist nicht einzeln, sondern in langen Gebirgszügen vor. Bäume können nur bis zur Baumgrenze wachsen. Daher siehst du bei allen Berggipfeln oberhalb der Baumgrenze den nackten Fels, während die niedrigen Hügel bewaldet sind. Das größte Gebirge Europas sind die Alpen.

Flusstäler

Flüsse fließen stets bergab und münden in einem See oder im Meer. Auf seinem Weg gräbt sich der Fluss allmählich immer tiefer in die Gesteinsschichten ein und bildet ein Tal. Wenn das Land flacher wird, bildet der Fluss Windungen und Schleifen.

Schluchten

In den Bergen hat das Wasser der Bäche und Flüsse besonders viel Kraft. Es schießt in dem steilen Gelände rasch nach unten ins Tal und gräbt sich tief in die Felsen ein. Dabei bilden sich enge, steile Schluchten. Auf seinem Weg reißt das Wasser auch große Steinbrocken und Felsstücke mit.

✳ Quellen, Flüsse und Seen

Quelle der Rhone am
Rhone-Gletscher (Schweiz)

Quelle

Das Schmelzwasser am unteren Ende eines Gletschers speist einen Bach, bildet seine Quelle. Die meisten Quellen entspringen jedoch im Gebirge, wo das versickerte Regenwasser wieder zutage tritt. Quellwasser ist klar und kalt. Manchmal enthält es auch Mineralien, die aus dem Gestein gelöst wurden.

Info

Flüsse und Bäche fließen nicht unverändert immer im selben Bett. Vielmehr wandelt sich ihr Fluss- und Bachbett ständig. In schnell fließenden Bereichen reißen Flüsse und Bäche Sand und Steine mit, die sie an langsam fließenden Stellen wieder ablagern.

Quellen, Flüsse und Seen

Fluss

Je weiter sich ein Fluss von seiner Quelle entfernt, umso flacher wird er und desto ruhiger fließt er dahin. Dann setzen sich Sand und Schlamm ab, die vom Wasser am Beginn der Reise mitgerissen wurden. Darum haben Flüsse ein weiches, schlammiges Flussbett. Am Flussufer bilden Sand und Steine seichte Bänke.

Wasserfall

Ein Wasserfall entsteht am Übergang von härterem zu weicherem Gestein. Das harte Gestein bildet eine Stufe, über die das Wasser hinabstürzt. Manchmal sind das nur wenige Meter, beim höchsten Wasserfall der Erde – dem Salto Angel im südamerikanischen Venezuela – jedoch fast 1000 Meter. Meist fällt das Wasser nicht senkrecht, sondern über zahlreiche Treppen oder Kaskaden herunter.

See

Ein See entsteht, wenn sich Wasser in natürlichen Mulden sammelt. Das Wasser eines Sees hat wenig Strömung. Steine, Sand- und Schlammteilchen, die von Bächen oder Flüssen hineingetragen wurden, sinken auf den Grund und der See wird immer flacher.

Weißt du's
Wo befindet sich der höchste Wasserfall der Erde?

# Inseln, Küsten und Ozeane

Strand

Ein Strand entsteht, wenn Meereswellen Sand und Steine an einen flachen Küstenstreifen spülen. Der Strand ist hell oder dunkel, je nachdem, aus welchem Gestein das abgelagerte Material besteht. Bei tropischen Stränden ist das meist das weiße Kalkgestein der Korallen.

Weißt du's
Wie werden Ebbe und Flut noch genannt?

Küste

Die Wellen schlagen ständig an die steilen Küsten. Dort trägt die starke Brandung die Gesteine ab. Dadurch werden die Felsen ausgewaschen und bilden scharfkantige Klippen, Grate und Höhlen. Die Gestalt der Küste verändert sich.

Die Klippen von Moher (Irland) gehören zu den höchsten Steilklippen Europas.

Inseln, Küsten und Ozeane

Insel

Inseln sind rundherum von Wasser umgeben. Sie ragen über die Oberfläche von Flüssen, Seen oder Meeren und können auf verschiedene Arten entstehen. Wenn der Meeresspiegel steigt, überflutet das Meer ganze Landstriche. Dann werden aus den Bergen Inseln.

Ebbe und Flut

Ebbe und Flut werden auch Gezeiten genannt. Sie entstehen durch die Anziehungskraft des Mondes. Bei Ebbe zieht sich das Wasser zurück und an den Küsten wird der Meeresboden sichtbar. Bei Flut steigt das Wasser wieder an.

Delta

Je näher ein Fluss seiner Mündung ins Meer kommt, umso breiter wird er. Manchmal teilt er sich dort fächerförmig in viele Flussarme auf: ein Delta. Da Flüsse viel Schlamm und Sand transportieren, lagern sie im Delta einen großen Teil ihrer Fracht ab. So entstehen kleine Inseln und Sandbänke.

Satellitenfoto vom Nildelta

Jahreszeiten

Die Erde braucht ein Jahr,
um die Sonne zu umrunden.
Während dieser Zeit fällt
nicht auf alle Teile der
Erde gleich viel Licht und
Wärme. Durch die Nei-
gung der Erdachse wird
mal die Nordhalbkugel
und mal die Südhalb-
kugel stärker von der
Sonne bestrahlt. Darum
gibt es die vier Jahreszeiten.
Sie haben große Auswirkungen
auf das Leben der Pflanzen und Tiere.

 # Der Jahreslauf

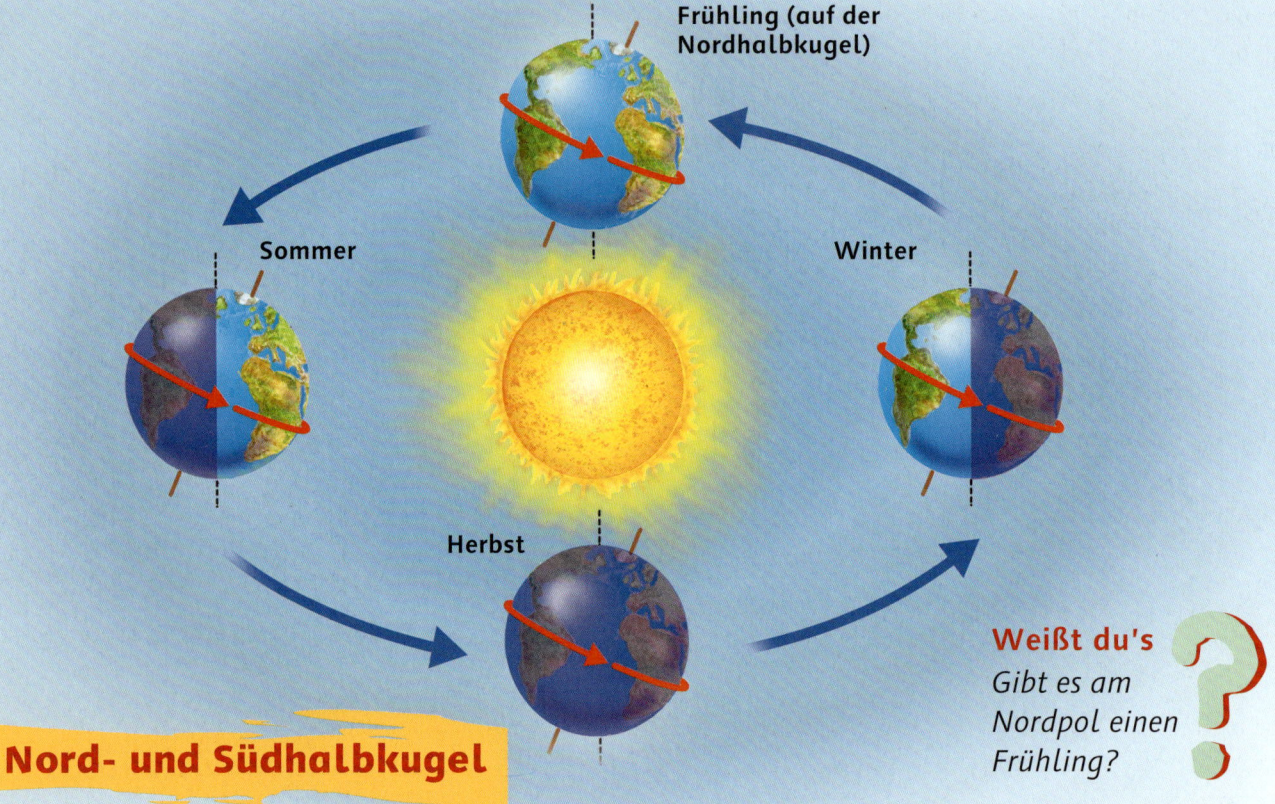

Frühling (auf der Nordhalbkugel)

Sommer

Winter

Herbst

Weißt du's
Gibt es am Nordpol einen Frühling?

Nord- und Südhalbkugel

Die Erde dreht sich um ihre Achse, die geneigt ist. Auf ihrem Weg um die Sonne bekommt die Erdhalbkugel, die der Sonne zugewandt ist, mehr Sonnenlicht als die abgewandte. In unserem Sommer ist die Nordhalbkugel der Sonne zugeneigt. Die Tage sind länger und wärmer als im Winter, wenn die Südhalbkugel der Sonne zugewandt ist. Im Frühjahr und Herbst erhalten beide Halbkugeln gleich viel Sonne.

Trockenzeit

Trocken- und Regenzeit

Rund um den Äquator gibt es keine Jahreszeiten. Dort sind die Tage und Nächte das ganze Jahr über gleich lang und dauern jeweils zwölf Stunden. Das Jahr wird hier in Trocken- und Regenzeiten eingeteilt: Während der Trockenzeit fällt kein Regen, während der Regenzeit hingegen regnet es sehr viel.

Regenzeit

An den Bäumen kann man die Jahreszeit erkennen.

Frühling: Die Blätter treiben aus.

Sommer: Der Baum steht in voller Blätterpracht.

Herbst: Die Blätter verfärben sich und fallen ab.

Frühling, Sommer, Herbst und Winter

Wir teilen das Jahr in vier Jahreszeiten ein, die jeweils drei Monate lang dauern. Diese Jahreszeiten gibt es auch auf der Südhalbkugel. Allerdings ist dort Winter, wenn bei uns Sommer herrscht, und wenn wir Winter haben, ist dort Sommer.

Winter: Der Baum legt eine Ruhepause ein.

Mitternachtssonne

In den Gebieten rund um den Süd- und Nordpol gibt es nur zwei Jahreszeiten: Winter und Sommer. Während im Winter dunkle Nacht herrscht, geht im Sommer die Sonne nicht unter. Sie steigt zwar hoch und wieder ab, verschwindet aber nie völlig unter dem Horizont. Das nennt man Mitternachtssonne.

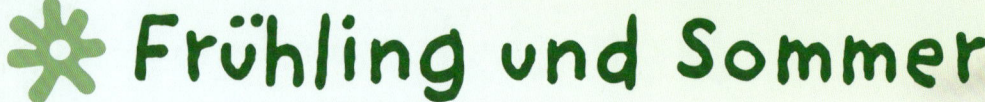

✿ Frühling und Sommer

Erdkröten

Apfelblüte

Frösche und Kröten

Im Frühling verlassen die Tiere ihre winterlichen Verstecke. Kröten, Frösche und Molche wandern zu Gewässern, um sich dort zu paaren und ihre Eier abzulegen. Auf dem langen Weg durch Wald und Buschwerk reiten die männlichen Erdkröten gern huckepack auf den größeren Weibchen.

Frühjahrsblüher

Im Frühling werden die Nächte kürzer und die Tage länger. Das ist für die Pflanzen das Signal, die Winterruhe zu beenden. Schneeglöckchen, Krokus und Veilchen beispielsweise blühen an den ersten warmen Tagen auf. Ihnen folgen die Kirsch- und andere Obstbäume. Sie öffnen ihre Blüten noch vor den Blättern.

Brutzeit der Vögel

Im Frühjahr beginnt die Brutzeit. Mit lauten Gesängen locken Meisen, Finken und andere Singvögel einen Partner an und markieren ihr Revier um das Nest. Die meisten Singvögel brüten ein bis zwei Wochen lang, bis die Küken schlüpfen. Dann sind die Eltern pausenlos auf Nahrungssuche, um ihre Brut satt zu bekommen.

Eine Amsel beim Brüten

Frühling und Sommer

Sommer am Teich

Im Sommer steht die Sonne viele Stunden hoch am Himmel und erwärmt das Wasser in Teichen und Seen. Jetzt entwickeln sich aus den Kaulquappen kleine Frösche und Kröten. Braune Libellenlarven verlassen frühmorgens das Wasser, um sich zu Libellen zu häuten. Auf der Wasseroberfläche jagen Wasserläufer und Taumelkäfer nach Beute.

Sommerwiese

Auf den Blumenwiesen summen und brummen im Sommer zahlreiche Insekten. Schmetterlinge, Bienen und Hummeln fliegen von Blüte zu Blüte, um Nektar zu sammeln. Heuschrecken und Grillen werben unermüdlich mit ihrem Zirpen um Partner. Am Wiesengrund wuseln Ameisen und Laufkäfer umher, um Insekten und andere Kleintiere zu erbeuten.

Die junge Libelle ist aus ihrer alten Haut geschlüpft.

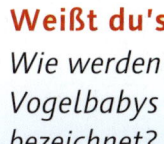**Weißt du's**
Wie werden Vogelbabys bezeichnet?

Herbst und Winter

Wildgänse und andere Zugvögel ziehen in einem v-förmigen Schwarm in die Winterquartiere.

Zugvögel

Mit den kürzer werdenden Tagen im Herbst bereiten sich Zugvögel wie Schwalben auf ihren langen Weg in die Winterquartiere vor. Sie finden im Winter bei uns keine Nahrung. Andere Vögel wie Meisen und Spatzen bleiben hier. Im Frühling kehren die Zugvögel zurück.

Herbstlaub

Der Farbstoff Chlorophyll gibt den Blättern ihre grüne Farbe. Im Herbst wird er abgebaut und die Blätter von vielen Bäumen färben sich rot, braun und gelb. Die Bäume werfen ihre Blätter ab, damit diese im Winter kein kostbares Wasser verdunsten (siehe Seite 66).

Eichhörnchen

Eiche

Wintervorräte

Auch die Tiere bereiten sich im Herbst auf den Winter vor. Eichhörnchen sammeln Eicheln und vergraben sie als Wintervorrat am Fuß von Baumstämmen. Sie können sich die Verstecke nicht merken, sondern suchen im Winter im Erdreich rund um die Bäume nach Futter.

Herbst und Winter ✳

Winterruhe

Im Winter sind die Nächte viel länger als die Tage. Die Sonne steht nur wenig über dem Horizont und kann nicht viel Wärme spenden. Jetzt ruhen die Pflanzen und Tiere. Unter der dicken Schneedecke sind sie gut vor den eisigen Winden und frostigen Temperaturen geschützt.

Der Igel überwintert zum Beispiel in einem Laubhaufen.

Winterschlaf

Einige Tiere wie Igel, Siebenschläfer, Bären und Fledermäuse halten von Herbst bis zum Frühjahr Winterschlaf. Sie senken ihre Körpertemperatur ab und leben von den Fettpolstern, die sie sich im Herbst angefressen haben. So überstehen sie die nahrungsarme Winterzeit.

Weißt du's
Wie heißt der grüne Farbstoff in Blättern?

29

Wind

und Wetter

Sonnenschein, Wind, Stürme, Wolken, Regen, Schnee, Hagel und Gewitter – das ist das Wetter. Ohne Sonne gäbe es kein Wetter. Ihre Strahlen wärmen die Erdoberfläche unterschiedlich auf: So entstehen Luftströmungen, die Winde. Die Sonnenwärme lässt auch Wasser verdunsten: Es bilden sich Wolken.

Sonne, Wind und Wolken

Schönwetterwolken

Die Sonne heizt das Wasser in Seen, Flüssen und Meeren auf. Es verdunstet, das heißt: Es verwandelt sich in Wasserdampf, der in den Himmel aufsteigt. Oben ist es kühler. Der Wasserdampf verwandelt sich dort in winzige Tröpfchen, die Wolken bilden. An den Wolken kannst du erkennen, wie sich das Wetter entwickelt. Bei solchen Schäfchenwolken bleibt das Wetter schön.

Weißt du's

Aus welchen Farben setzt sich das Sonnenlicht zusammen?

Abendrot und Morgenrot

Das weiße Sonnenlicht ist aus allen Farben des Regenbogens zusammengesetzt (siehe Seite 32). An manchen Tagen leuchtet der Himmel bei Sonnenaufgang oder bei Sonnenuntergang in zarten oder kräftigen Rottönen. Das sind Morgen- und Abendrot. Deine Augen sehen jetzt die gelben und roten Farbanteile des Sonnenlichts.

Nebel

Nebel ist wie eine Wolke, die bis zum Erdboden reicht. Er entsteht oft über Teichen, Seen und Flüssen. Bei Nebel ist die Luft dicht mit winzigen Wassertröpfchen gefüllt. Von September bis Februar ist es bei uns oft neblig, weil die Luft in klaren, windstillen Nächten stark auskühlt.

Sonne, Wind und Wolken

Regenwolken

Wolken entstehen, wenn die Luft abkühlt. Kalte Luft kann weniger Wasserdampf aufnehmen als warme. Dann bilden sich aus dem Dampf Wassertröpfchen oder Eiskristalle. Je mehr Wasser sich sammelt, umso größer und schwerer werden die Tropfen in den Wolken, bis schließlich Regen fällt.

Wind

Wind ist Luft, die sich bewegt. Winde entstehen, wenn warme Luft über einer sonnenbeschienenen Fläche aufsteigt und kühlere Luft nachfließt. Bei schwachem Wind wiegen sich die Gräser auf den Wiesen. Bei stärkerem Wind fällt es dir schwer, einen geöffneten Regenschirm zu halten. Bei einem Sturm können Bäume umstürzen.

Info

Wir sehen den Himmel blau, weil die Atmosphäre viele kleine Luftteilchen enthält. Wenn die Sonnenstrahlen auf diese Teilchen treffen, werden sie in alle Richtungen gestreut. Davon sind besonders die blauen Lichtanteile der Sonnenstrahlen betroffen. Hätte die Erde keine Lufthülle, wäre der Himmel auch bei Tag schwarz und du könntest die Sterne sehen.

Regen, Schnee und Hagel

Regen

Wenn es regnet, fallen Wassertropfen aus den Wolken herab. Sind die Wassertropfen sehr klein, nieselt es. Kurze Regengüsse nennt man Schauer. Ein typischer Landregen kann viele Stunden, aber auch Tage andauern. Bei einem Wolkenbruch kann es sogar so viel regnen, dass Bäche innerhalb kurzer Zeit über die Ufer treten und Überschwemmungen verursachen.

Weißt du's
Woraus besteht Schnee?

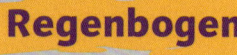

Regenbogen

Ein Regenbogen steht am Himmel, wenn es regnet und gleichzeitig die niedrig stehende Sonne scheint. Du siehst ihn, wenn du die Sonne im Rücken hast. Von außen nach innen ist der Regenbogen rot, orange, gelb, grün, blau, indigo und violett. Er entsteht, weil jeder Wassertropfen das weiße Sonnenlicht in seine einzelnen Farben zerlegt.

Regen, Schnee und Hagel ✿

Hagel

Im Sommer kann es bei heftigen Gewittern hageln. Hagelkörner sind Eisklumpen. Meist sind sie so groß wie eine Erbse, sie können aber auch so groß wie ein Ei werden. Sie entstehen, wenn die Eiskristalle in einer Gewitterwolke auf und nieder gewirbelt werden. Dabei lagern sie sich an und werden immer größer, bis sie als Hagel niedergehen.

Schnee

Wenn die Luft kalt ist, fällt kein Regen, sondern Schnee. Schnee ist aus vielen Eiskristallen zusammengesetzt. Feiner Pulverschnee besteht aus einzelnen Eiskristallen. Bei feuchter Luft oder Temperaturen nahe dem Gefrierpunkt lagern sich viele Eiskristalle zu dicken Schneeflocken zusammen. Mit diesem Schnee kannst du die besten Schneemänner bauen.

Frost und Eis

Sinken die Temperaturen unter null Grad Celsius, herrscht Frost. Unterhalb dieser Temperatur gefriert das Wasser. Dann bildet sich auf den Teichen und Seen eine Eisschicht. Auf den Straßen und Wegen kann Glatteis entstehen und überall, wo Wasser tropft, bilden sich Eiszapfen.

 # Stürme, Blitz und Donner

Starke Winde

An Meeresküsten und steilen Berghängen wehen oft starke und stür-
mische Winde. Sie kommen überwiegend aus einer Richtung und
erreichen Geschwindigkeiten von
80 Stundenkilometer und mehr.
Dort wachsen die Bäume schief,
weil sie stets Wind von einer Seite
bekommen. Der beständige Wind
drückt die Kronen und Stämme
in eine Richtung, in die sie dann
auch an windstillen Tagen weisen.

Weißt du's
*Wie heißt das flache
obere Ende einer
Gewitterwolke?*

Stürme und Orkane

Im Winter werden die Küsten von
besonders heftigen Stürmen heim-
gesucht. Wenn sie Windgeschwin-
digkeiten von über 110 Stundenkilometer erreichen, türmen
sich die Wellen meterhoch
auf. Stürme und Orkane
richten große Schäden an:
Schiffe können kentern,
ganze Wälder zerstört
werden und das Land
kann bei Sturmfluten
im Wasser versinken.

Stürme, Blitz und Donner

Gewitterwolken

Gewitter entstehen, wenn sich an heißen Sommertagen die bodennahen Luftschichten stark aufheizen oder wenn kalte Luftmassen auf warme Luft treffen. Dann bauen sich die Wolken zu mächtigen Wolkentürmen auf. Das flache obere Ende, das Amboss genannt wird, ist typisch für eine Gewitterwolke. Es ist flach, weil sich die Wolke am oberen Ende der Wetterschicht wie an einer Zimmerdecke ausbreitet.

Blitz und Donner

In einer Gewitterwolke toben heftige Auf- und Abwinde. Sie lassen die Wassertropfen und Eiskristalle mit hohen Geschwindigkeiten hoch- und herunterschießen. Dabei lädt sich die Wolke elektrisch auf und muss sich in einem Blitz entladen. Es donnert, weil sich bei einem Blitz die Luft explosionsartig stark ausdehnt.

Naturgewalten und

Naturphänomene

Die Natur ist
voller Wunder
und Erscheinungen:
Geysire etwa schießen
heißes Wasser viele
Hundert Meter hoch und
Polarlichter stehen blau,
grün, gelb und rot am
Polarhimmel. Manchmal
zeigt die Natur aber auch ihre
zerstörerische Kraft: Vulkane
brechen aus, Lawinen rasen zu Tal
und Riesenwellen rollen an Land.

❋ Erdbeben und Vulkanausbrüche

Krater

Die beiden kreisrunden Seen auf dem Bild sind in den Kratern erloschener Vulkane entstanden. Ein Krater ist die Öffnung eines Vulkans. Wenn ein Vulkan erloschen ist, kann sich der Krater mit Wasser füllen und zum Kratersee werden.

In der Eifel (Deutschland) gibt es viele Kraterseen.

Weißt du's
Woher stammt das Wasser der Geysire?

Vulkane

Bei einem Vulkanausbruch fließt glühend heiße Lava aus dem Krater. Sie strömt wie ein roter Brei die Hänge des Vulkans hinunter. Dann werden auch heiße Gas- und Aschewolken sowie große Gesteinsbrocken aus dem Vulkan geschleudert. Das flüssige Magma aus dem Erdinneren wird Lava genannt, wenn es an die Erdoberfläche gelangt. In Italien gibt es mehrere aktive Vulkane.

Erdbeben und Vulkanausbrüche

Geysire

Ein Geysir ist eine heiße Springquelle. Er stößt meist in regelmäßigen Abständen heißes Wasser und Dampf aus. Im Boden unter dem Geysir sammelt sich das Grundwasser. Es wird von den heißen Gesteinen so lange aufgeheizt, bis es siedend heiß herausschießt. Solche Fontänen können 100 Meter und höher werden.

Die Wassersäule des Old Faithful im Yellowstone-Nationalpark (USA) spritzt 30 bis 55 Meter hoch.

Erdbeben

Die Erdkruste schwimmt wie ein vielteiliges Puzzle auf dem zähflüssigen Gestein des Erdinneren. Wenn die sogenannten Platten aufeinanderstoßen oder aneinanderreiben, entstehen Erdbeben. Manche sind so stark, dass Häuser einstürzen und große Landstriche verwüstet werden. Dabei kommen oft sehr viele Menschen ums Leben.

Nach einem Erdbeben im Norden von Pakistan

 # Tornados und Taifune

Tropische Wirbelstürme

Tropische Wirbelstürme sind die größten und heftigsten Stürme, die es auf der Erde gibt. Sie haben Durchmesser von 500 Kilometer und mehr. Darin kreisen die Wolken mit orkanartigen Geschwindigkeiten um das wolkenlose Zentrum, das Auge. Tropische Wirbelstürme entstehen im Sommer über den warmen Meeren nördlich und südlich des Äquators, wo die Luft sehr feucht ist. Sie haben in den verschiedenen Regionen der Erde unterschiedliche Namen: Hurrikan, Taifun, Zyklon oder Willy-Willy.

Verwüstungen

Tropische Wirbelstürme ziehen über die tropischen Meere nach Westen. Wenn sie das Festland erreichen, richten sie dort große Verwüstungen an. Nach einigen Tagen auf dem Festland verlieren sie an Kraft und werden zu einem Sturm.

Sandteufel

Ein Sandteufel ist ein kleiner, harmloser Wirbelsturm. Er entsteht an heißen Tagen auf trockenen Staub- und Sandflächen, wenn eine Stelle überhitzt ist. Sand und Staub werden für kurze Zeit einige Meter hochgewirbelt. Auch auf Tennisplätzen wurden schon Sandteufel beobachtet.

Tornados

Tornados entstehen bei besonderen Wetterlagen in großen Gewitterwolken über dem Festland. Dabei bildet sich am unteren Ende der Gewitterwolke ein trichterförmiger Rüssel, der sich zum Erdboden herunterschraubt. Hat er den Erdboden erreicht, wirbelt er Bäume, Gebäude, Autos und andere Gegenstände in die Luft.

Weißt du's
Wie heißt das Zentrum eines tropischen Wirbelsturms?
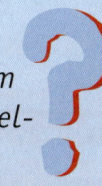

✳ Fluten und Lawinen

Sturmflut

Bei Flut erreicht das Meer stets seinen höchsten Wasserstand. Weht außerdem ein heftiger Sturm, drückt der starke Wind noch mehr Wasser zum Festland hin. Dann steigt der Wasserstand stärker als sonst an. Das Meer überflutet die Deiche, Strände und Hafengebiete an der Küste. Solche Sturmfluten setzen oft weite Landstriche unter Wasser. Bei uns treten sie meist von Herbst bis zum Frühjahr auf.

Weißt du's

Wie nennt man bis zu 50 Meter hohe Riesenwellen?

Hochwasser

Nach wochenlangen heftigen Regenfällen oder der Schneeschmelze im Frühjahr führen die Flüsse mehr Wasser als in regenarmen Zeiten. Dann strömt so viel Wasser den Fluss hinunter, dass das Flussbett zu klein wird. Der Fluss tritt über die Ufer und überschwemmt das Umland. Die enormen Wassermassen können Häuser, Autos und Bäume mit sich reißen.

Satellitenfoto von der Elbe im August 2000

Die Elbe im August 2002 (Elbe-Hochwasser)

Fluten und Lawinen

Lawine

Große Schnee- oder Eismassen können durch Neuschnee, Wind oder warme Temperaturen an Berghängen ins Rutschen geraten. Dann entsteht eine Lawine, die mit hoher Geschwindigkeit ins Tal saust. Dabei reißt sie Steine, Erde, Bäume und Häuser mit sich. Es gibt auch Stein-, Geröll- und Schlammlawinen.

Riesenwelle

Riesenwellen können nach einem Seebeben entstehen. Auf dem offenen Meer sind sie kaum zu bemerken. Erst wenn sie sich den flachen Küstengewässern nähern, türmen sie sich zu bis zu 50 Meter hohen Tsunamis auf. Sie reißen alles mit sich fort: Häuser, Autos, Menschen und Tiere.

✳ Phänomene und Erscheinungen

Fata Morgana

Wenn sich an einem windstillen Sommertag die trockene Straße so richtig aufgeheizt hat, kann die Luft darüber sehr stark flimmern. Dann sieht es so aus, als sei die Straße nass. Das ist aber kein Wasser, sondern das Spiegelbild des blauen Himmels. Diese Luftspiegelung ist eine kleine Fata Morgana.

Weißt du's
Wo treten Polarlichter normalerweise auf?

Alpenglühen

An manchen Tagen leuchten die hellen Fels- und Schneewände im Hochgebirge in Gelb-, Orange-, Rot- und Purpurtönen, obwohl die Sonne längst untergegangen ist. Dieses Alpenglühen entsteht, weil die Atmosphäre dann immer noch von der Sonne beleuchtet wird. Die Luftteilchen der Atmosphäre streuen das Licht in alle Richtungen. Dabei fällt das Licht auch auf die westlichen Bergseiten und wird zurückgestrahlt.

Mondhof

Ein Hof umgibt den Mond wie eine helle Scheibe. Damit ein Hof entstehen kann, müssen sehr dünne und feine Schichtwolken vorhanden sein. An den winzigen Wassertröpfchen oder Eiskristallen dieser Wolken werden die Lichtstrahlen gebeugt und erzeugen so den Hof.

Polarlicht

Polarlichter sind weiße, gelbe, grüne, rote, blaue und violette Leuchterscheinungen, die besonders in den Polargebieten zu sehen sind. Sie bewegen sich wie Gardinen am nächtlichen Himmel. Polarlichter entstehen, wenn elektrisch geladene Sonnenteilchen in die Erdatmosphäre eindringen. In der Nähe der magnetischen Pole regen sie die Gasteilchen zum Leuchten an.

Die Lebensräume

Wüste, Wald,
Gebirge, Savanne,
Meer, See, Fluss oder
Bach – all dies sind ver-
schiedene Lebensräume,
in denen unterschiedliche
Pflanzen und Tiere beheimatet
sind. Jeder Lebensraum bietet
ganz bestimmte Bedingungen,
an die sich die Lebewesen angepasst haben: Ein Frosch beispielsweise, der eine schattige Umgebung braucht, könnte nicht in der
trocken-heißen Wüste überleben.

 Wälder

Tropischer Regenwald

Der tropische Regenwald gedeiht rund um den Äquator. Hier ist es immer heiß und es fällt stets viel Regen. Die Bäume stehen so dicht, dass kaum Licht auf den Boden fällt. Viele Pflanzen wachsen deshalb auf den Bäumen. In diesem feuchtwarmen Dschungel leben mehr als die Hälfte aller Tier- und Pflanzenarten der Erde.

Weißt du's
Wo leben mehr Tiere: im Laub- oder Nadelwald?

Laubwald

In einem Laubwald herrscht das ganze Jahr über ein angenehmes Klima: Im Sommer ist es kühler als in der prallen Sonne, im Winter bremsen die Bäume die frostigen Winde. Laubwälder bieten vielen Tieren zu jeder Jahreszeit Nahrung und sichere Verstecke.

Bergwald

Je höher du in den Bergen hinaufsteigst, umso lichter wird der Wald. Bald bilden die Nadelbäume keinen geschlossenen Bergwald mehr, sondern wachsen vereinzelt. Oberhalb der Baumgrenze gibt es gar keine Bäume mehr. Der Bergwald ist besonders wichtig im Winter: Er bremst die Lawinen auf ihrem Weg ins Tal und schützt so die Dörfer und Straßen.

Nadelwald

In den Bergen und im
hohen Norden bilden die
Nadelbäume ausgedehnte
Wälder. Bei uns wurden viele
Nadelwälder angepflanzt, weil wir
das Holz als Bau- und Möbelholz
nutzen. In den Nadelwäldern leben nur
wenige Tiere. Sie finden hier weniger Schutz
und Nahrung als in den Laubwäldern.

Auwald

Flüsse und Bäche treten regelmäßig über die
Ufer und überfluten das angrenzende Land.
Deshalb wachsen entlang der Fluss- und
Bachläufe nur bestimmte Bäume und Sträu-
cher, zum Beispiel Stieleichen, Eschen und
Erlen. Ihre Wurzeln können lang im Wasser
stehen, besonders viel Wasser aufnehmen
und so schlimme Hochwasser verhindern.

 # Gebirge und Hochebenen

 ## Hochgebirge

An die harten Lebensbedingungen im Hochgebirge sind nur wenige Pflanzen und Tiere angepasst. Auf dem kargen Boden in den Felsnischen und Felsspalten wachsen verschiedene Blütenpflanzen in flachen Blumenpolstern. In den Höhenlagen sind sie der schädlichen UV-Strahlung der Sonne ungeschützt ausgesetzt.

Weißt du's

Wie nennt man die Grenze, ab der keine Bäume mehr wachsen?

 ## Bergalm

Auf den Bergalmen wachsen im Sommer besonders nahrhafte Kräuter und Gräser. Deshalb treiben viele Bergbauern ihre Kühe im Juni auf die Bergweiden. Schon im September ist der kurze Sommer dort oben vorbei. Dann werden die Kühe wieder ins Tal getrieben, bevor der erste Schnee fällt. Auf den Bergwiesen lebt eine sehr große Vielfalt an Schmetterlingen. Ihre Raupen finden dort genügend Blätternahrung.

Gebirge und Hochebenen

Eine Hochebene
in Südamerika

Hochebene

Eine Hochebene ist eine weite, flache oder leicht hügelige Ebene, die deutlich höher als die Umgebung liegt. Auf Hochebenen wächst oft dichtes Gras und nur ein lockerer Baumbestand. Auf Hochebenen, die oberhalb der Baumgrenze liegen, gibt es gar keine Bäume mehr.

Auf dem Gipfel

Im Hochgebirge herrscht ein raues Klima: In den kurzen, heißen Sommern brennt die Sonne auf die Felsen. In den langen Wintern pfeifen kalte Winde über die schnee- und eisbedeckten Felsen. In den Alpen sind diese Gipfelregionen das Reich von Steinbock und Gämse.

Gämse

✲ Ozeane und Küsten

Felsküste

Die Wellen schlagen unentwegt an die Felsen der Meeresküste. Deshalb können sich an den Gesteinen oberhalb der Wasserlinie nur wenige Schnecken festhalten. Unter Wasser hingegen bieten Felsenküsten den Meeresschnecken, Algen, Muscheln, Tintenfischen und Fischen einen Lebensraum mit schützenden Verstecken und ausreichend Nahrung.

Weißt du's
Wie heißt das größte Korallenriff der Erde?

Das offene Meer

Das offene Meer ist der größte Lebensraum auf der Erde. Das im Wasser treibende Plankton besteht aus winzigen Algen, Einzellern und Larven. Es ist die Nahrungsgrundlage für Fische und andere Meerestiere, von denen sich zum Beispiel die Delfine ernähren.

Delfine sind schnelle Schwimmer, die in Gruppen zusammenleben.

Ozeane und Küsten

Sandküste

Ein Sandstrand bietet nur wenigen Tieren einen Lebensraum. Dort gibt es keine schützenden Felsen und keinen Algenbewuchs. Daher finden an den Sandküsten nur Plattfische, einige Muscheln, Würmer und andere Tiere ein sicheres Versteck: Sie können sich in den weichen Meeresgrund eingraben.

Tiefsee

In der Tiefsee herrschen absolute Dunkelheit und ein hoher Druck. Dort leben unter anderem merkwürdig aussehende Fische. Sie ernähren sich von den winzigen Nahrungsteilchen, die von der Meeresoberfläche herunterschweben. Viele Tiefseebewohner besitzen leuchtende Körperteile, mit denen sie Beute anlocken.

Korallenriff

In den tropisch-warmen Meeren bilden Korallentiere aus ihren Kalkskeletten große Riffe. Zwischen den felsenähnlichen Korallenstöcken leben zahlreiche bunt gefärbte Fische, Meeresschnecken, Schwämme und viele andere Tierarten. Das größte Korallenriff der Erde ist das etwa 2000 Kilometer lange Große Barriereriff vor der Küste Australiens.

Feuchtgebiete, Flüsse und Seen

Feuchtgebiet

In einem Feuchtgebiet ist der Boden ständig nass oder wird regelmäßig von einem Bach oder Fluss über- schwemmt. Hier leben viele Insek- ten, deren Larven sich im Wasser oder feuchten Boden entwickeln. Viele Feuchtgebiete wurden tro- ckengelegt, um Felder anzulegen.

Im Uferbereich von Flüssen lauern auch Graureiher auf Beute.

Die Sumpfdotterblume wächst in Sumpf- wiesen, an Quellen, Bächen und Gräben.

Bachlauf

In seinem oberen Bereich fließt ein Bach schnell, und das stark bewegte Wasser reichert sich dadurch mit Sauerstoff an. Er ist wichtig für die dort lebenden Fische und kleinen Wassertiere.

Fluss

Auf seinem Weg zum Meer wird die Strö- mung eines Flusses immer langsamer und das Wasser trüber und sauerstoffärmer. Typische Fische unserer Flüsse sind die verschiedenen Karpfenfische. Im Uferbe- reich wachsen Pflanzen. Hier leben junge Fische, Wasserschnecken, Egel und zahl- reiche Insektenlarven.
Viele Flüsse wurden aufgestaut, ausge- baggert und begradigt, damit Schiffe auf ihnen verschiedene Güter transportieren können.

Feuchtgebiete, Flüsse und Seen

Die weißen, weichen Büschel gaben dem Wollgras seinen Namen. Es wächst zum Beispiel auf Feuchtwiesen.

Sumpf und Feuchtwiese

Im Sumpf und auf Feuchtwiesen können nur Pflanzen wachsen, die den ständig nassen, sauerstoffarmen Boden vertragen. Dazu zählen Binsen und Wollgras. Diese Feuchtgebiete sind nicht nur für zahlreiche Insekten ein wichtiger Lebensraum, sondern auch für viele Vögel.

Weißt du's
Warum wurden Feuchtgebiete trockengelegt?

Teich

Von Frühjahr bis Herbst sind Seen, Teiche und Weiher wichtige Lebensräume für viele Wassertiere und -pflanzen. Im Winter hingegen ruht das Leben in diesen Stillgewässern. Seen und Weiher sind natürliche Gewässer, während Teiche künstlich von Menschen angelegt wurden. Sie dienen oft zur Fischzucht oder schaffen Nistmöglichkeiten für Enten und andere Wasservögel.

 # Graslandschaften und Wüsten

Diese Springböcke in der afrikanischen Savanne finden unter einem der wenigen Bäume Schatten.

 ## Savanne

Die Savanne ist ein tropisches Grasland, das in Afrika südlich der Saharawüste weitverbreitet ist. Auf den grasbedeckten Flächen spenden nur wenige schirmartige Akazienbäume und niedrige Sträucher den Tieren Schatten. In der afrikanischen Savanne leben große Herden aus Zebras, Antilopen, Giraffen, Gnus und Büffeln. Sie werden von Löwen, Leoparden und Geparden gejagt.

Weißt du's
Wie nennt man das nordamerikanische Grasland?

Sandwüste

Wüsten sind sehr trockene Gebiete, in denen es nur ganz selten regnet. Tagsüber ist es glühend heiß, nachts hingegen bitterkalt. In der Sandwüste treibt der Wind die berghohen Sanddünen vor sich her.

Die Sanddünen in der Namibwüste sind wie Meereswellen ständig in Bewegung.

Graslandschaften und Wüsten

Wasserstellen

In Graslandschaften und Wüsten sammelt sich das Wasser in Wasserstellen und Oasen. Dort können auch Schatten spendende Bäume wachsen. Die Wasserstellen sind besonders während der monatelangen Trockenzeiten wichtig. Nur dort finden die Tiere das lebensnotwendige Wasser. Elefanten und andere Tiere müssen oft weite Strecken zurücklegen, um eine Wasserstelle zu erreichen.

Ein Elefant an einer Wasserstelle

Prärie

Grasland bildet sich überall dort, wo es für eine Wüste zu viel und für einen Wald zu wenig regnet. Obwohl diese Gebiete öd aussehen, sind sie sehr fruchtbar und bieten großen Tierherden ausreichend Nahrung. In der nordamerikanischen Prärie leben zum Beispiel Bisons.

Steinwüste

Die Atacama in Südamerika gilt als trockenste Wüste der Erde. Sie besteht wie die meisten Wüsten zu einem großen Teil aus kargen, felsigen und steinigen Gebieten. Dort wachsen nur wenige Pflanzen. Die meisten Wüstentiere sind klein und verstecken sich tagsüber im Boden oder zwischen Felsen.

Polargebiete und Tundra

Tundra

Zwischen dem ewigen Eis und den riesigen Nadelwäldern im hohen Norden erstreckt sich eine weite, baumlose Landschaft: die Tundra. Hier wachsen nur niedrige Pflanzen, zum Beispiel der kleinste Baum der Welt, die nur zehn Zentimeter hohe Krautweide. Im Sommer tauen die obersten Bodenschichten auf, das Erdreich darunter bleibt das ganze Jahr über gefroren. Im kurzen Sommer finden große Rentierherden hier reichlich Pflanzennahrung.

Der Eisbär und sein Lebensraum sind durch den Klimawandel stark bedroht.

Rentiere leben in den nördlichsten Regionen Europas, Asiens und Nordamerikas.

Arktis

Das kalte Gebiet rund um den Nordpol heißt Arktis. Der Nordpol liegt inmitten des ewigen Eises im Nordpolarmeer. Die Festländer, die dieses Meer umgeben, sind im Winter von Schnee und Eis bedeckt. Im Sommer taut das Eis, der Boden bleibt aber gefroren. Darauf wachsen nur wenige Pflanzen. In der Arktis ist es ein halbes Jahr lang Nacht und ein halbes Jahr lang Tag. Die Sonne geht dann nie unter.

Polargebiete und Tundra ✳

Packeis

Das Packeis der Arktis ist der Lebensraum des Eisbären. Er ist bestens an diese
eisige Welt angepasst. Die kalten Meere
an den Polen sind sehr nahrungsreich. Hier
leben große Krebs- und Fischschwärme, die
viele Robben und Wale anlocken.

Antarktis

Der Südpol liegt nicht mitten im Meer,
sondern auf dem Kontinent Antarktis.
In diesem südlichen Polargebiet leben
Pinguine. Sie müssen mit denselben
harten Lebensbedingungen zurecht-
kommen, die auch in der Arktis im
hohen Norden herrschen. Die meisten
Flächen der Antarktis sind das ganze
Jahr über von einer kilometerdicken
Eisschicht bedeckt.

**Pinguine leben vom Meer. Sie fressen vor allem
kleine Fische und Krebstiere (Krill).**

Weißt du's
*Wie heißt das
Gebiet rund um
den Nordpol?*

Die **Welt**

der Pflanzen

Auf der Erde gibt es etwa 360 000 verschiedene Pflanzenarten. Die ursprünglichsten sind die Farne, Moose und Schachtelhalme. Sie vermehren sich mit Sporen und heißen deshalb auch Sporenpflanzen. Blütenpflanzen hingegen entwickeln Blüten, die vom Wind oder von Tieren bestäubt werden. Pflanzen können im Gegensatz zu Tieren und Pilzen durch das Blattgrün, das Chlorophyll, ihre Nahrung selbst herstellen. Dabei geben sie Sauerstoff ab.

Sporenpflanzen und Pilze

Farne pflanzen sich mit Sporen fort, die in den kleinen braunen Sporenbehältern auf der Unterseite der Blattwedel gebildet werden. Wenn sie reif sind, rieseln sie wie Konfetti heraus.

Moose

Moose sind sehr einfach gebaute Pflanzen, die nur aus kurzen Stängeln und kleinen Blättchen bestehen. Sie vermehren sich mit Sporen und kommen meist an schattigen und feuchten Orten vor. In unseren Wäldern bilden sie an manchen Stellen dichte Polster.

Schachtelhalme

Vor über 300 Millionen Jahren, als es noch keine Vögel und Säugetiere auf der Erde gab, waren die Schachtelhalme hohe Bäume und bildeten große Wälder. Heute sind sie meist krautige Pflanzen, die an feuchten Wegrändern und in Wäldern wachsen. Auch die Schachtelhalme breiten sich mit Sporen aus.

Sporenpflanzen und Pilze ✳

Speisepilze

Pilze gehören nicht zu den Pflanzen.
Sie bilden eine eigenständige Gruppe
von Lebewesen. Pilze ernähren sich
von toten Pflanzenteilen. Viele von
ihnen brauchen zum Leben einen
Baum als Partner. Die bekanntesten
Pilze bestehen aus einem Stiel und
einem Hut, in dem die Sporen
gebildet werden. Der größte
Teil des Pilzes befindet sich
allerdings als weitläufiges
Wurzelgeflecht im Erdreich.

**Der essbare Pfifferling wächst
unter Nadelbäumen.**

Weißt du's
*Wo kommen
Moose häufig
vor?*

Giftpilze

Ob ein Pilz giftig ist oder nicht, siehst du ihm
nicht an. Denn oftmals sehen giftige und essbare Pilze fast gleich aus. Der Fliegenpilz ist
der bekannteste Giftpilz. Er hat nicht immer
weiße Flecken auf seinem Hut, denn sie
können vom Regen abgewaschen
werden. Viele Giftpilze werden
zum Beispiel von Eichhörnchen
und Schnecken gefressen,
denen sie nicht schaden.

Fliegenpilz

 # Blütenpflanzen

Blüten

Blumen, Laub- und Nadelbäume gehören zu den Blütenpflanzen. Sie entwickeln Blüten, die bestäubt werden müssen. Erst dann können sich die Samen zur Vermehrung bilden. Bei vielen Pflanzen übernehmen Insekten die Bestäubung, zum Beispiel Bienen. Sie werden von Farbe, Duft und Nektar angelockt und transportieren den Blütenstaub zur nächsten Blüte.

Die Biene sammelt Nektar. Dabei bleibt Blütenstaub an ihr haften.

Brennnessel

Windbestäuber

Die Blüten am oberen Ende der Brennnesseln fallen kaum auf. Sie müssen auch keine Insekten anlocken, denn ihr Blütenstaub wird durch den Wind von Blüte zu Blüte transportiert. Damit möglichst viele Blüten bestäubt werden, produzieren windbestäubende Pflanzen große Mengen an Blütenstaub, der auch Pollen genannt wird.

Klatschmohn

Die leuchtend roten Blüten des Mohns sind oft an Feldrändern und entlang von Bahnstrecken zu sehen. Die Blüten welken rasch. Dann reifen die Samen in den eiförmigen Kapseln in der Blütenmitte heran. Die reifen Samen rascheln, wenn du die Kapsel berührst, und fallen seitlich aus der Kapsel heraus.

Blütenpflanzen ✳

Enzian

Wilde Möhre

Die Knospe der Wilden Möhre sieht aus wie die einer einzigen Blüte. Tatsächlich setzt sich dieser Blütenstand aber aus vielen kleinen Einzelblüten zusammen. Auch der Löwenzahn oder die Sonnenblume besitzen einen Blütenstand aus vielen Einzelblüten. Die Wilde Möhre wächst überall am Wegrand. Von ihr stammt die Möhre ab, die wir essen.

Klatschmohn

Enzian

Blumen wachsen fast überall: in den Gärten, auf Wiesen und Feldern, im Wald und an den Meeresküsten. Sogar im Gebirge findet man Blumen, zum Beispiel den blauen Enzian, der zwischen Geröll und Steinen wächst. Weil die Lebensbedingungen im Hochgebirge sehr hart sind, bleiben die Alpenblumen klein. Der Enzian wird nur etwa fünf Zentimeter hoch.

Weißt du's
Wie lautet ein anderes Wort für Blütenstaub? ❓

✳ Laubbäume

Birnbaum

Birnen, Äpfel, Kirschen, Pflaumen und andere Früchte wachsen auf den Obstbäumen. Im Frühjahr öffnen sich die Blüten der Birnbäume, die von Bienen bestäubt werden. Aus den bestäubten Blüten entwickeln sich dann die Früchte, die die Samen in sich tragen.

Birnbaum-
blüte

Weißt du's

Wie heißen die Früchte der Rotbuche?

Ahorn

Einen Ahorn erkennst du an den handförmigen Blättern und den Nussfrüchten, die kleine Flügel tragen. So können sie gut vom Wind verbreitet werden. Laubbäume verlieren im Herbst ihre Blätter, denn sie verdunsten viel Wasser. Da die Bäume im Winter kein Wasser aus dem gefrorenen Erdboden aufnehmen können, würden sie blatttragend verdursten.

Frisch ausgetriebene Blätter im Frühjahr

Laubbäume ✻

Rotbuche

In unseren Wäldern sind Eiche und Rotbuche die häufigsten Bäume. Die Rotbuche erkennst du an ihrer glatten, silbrigen Rinde und den eiförmigen Blättern. Im Herbst entwickelt sie braune, dreikantige Früchte: die Bucheckern.

Bucheckern im holzigen Fruchtbecher

Rosskastanie

Laubbäume besitzen große, weiche Blätter. In den Blättern werden mit der Energie aus dem Sonnenlicht aus Wasser und dem Kohlendioxidgas der Luft lebensnotwendige Zuckerverbindungen hergestellt. Die Rosskastanie ist ein häufiger Stadtbaum. Aus ihren großen Blütenkerzen entwickeln sich die beliebten Kastanien.

Die grünen, stacheligen Hüllen der Kastanien

Nadelbäume

Nadelblätter

Die Blätter der Nadelbäume sind meist hart und nadelförmig. Sie verdunsten viel weniger Wasser als die weichen Blätter der Laubbäume. Alle Nadelbäume außer der Lärche behalten auch im Winter ihre Blätter. Im Frühjahr treiben die neuen Nadelblätter aus. Du erkennst sie an ihrer hellgrünen Farbe. Die Fichten sind die häufigsten Nadelbäume in unseren Wäldern, doch auch Tannen, Kiefern, Lärchen und Eiben wachsen bei uns.

Fichtenzweig im Frühling

Nadelwälder

Nadelbäume kommen mit frostigen Temperaturen viel besser zurecht als Laubbäume. Sie wachsen meist in den Bergen, wo es viele Monate im Jahr kalt ist. Da Nadelbäume ihre Blätter auch über den Winter behalten, sind Nadelwälder das ganze Jahr über grün. Biologen nennen das immergrün.

Jahresringe

Ein Baumstamm ist von der schützenden Rinde umgeben. Im Stamm wird Wasser von den Wurzeln zu den Blättern transportiert. Die kreisförmigen dunklen und hellen Linien sind die Jahresringe. Sie entstehen, weil die Bäume bei uns nur im Sommer wachsen und im Winter ruhen. Wenn du die dunklen Jahresringe zählst, weißt du, wie alt der Baum war, als er gefällt wurde.

Nadelbäume

Lärche: rundliche, weiche Zapfen

Zapfen

Fast alle Nadelbäume bilden Zapfen. Unter den harten Zapfenschuppen liegen die feinen Samen, die gern von Eichhörnchen, Mäusen und dem Fichtenkreuzschnabel gefressen werden. Am Waldboden findest du Fichten- und Kiefernzapfen, aber keine Tannenzapfen. Diese zerfallen schon am Baum in einzelne Schuppen.

Gemeine Kiefer: eiförmige Zapfen

 Lärche

Die Lärche ist der einzige Nadelbaum, der jeden Herbst seine Nadeln verliert. Bevor die Nadeln abfallen, verfärben sie sich goldgelb. Dann zieht der Stamm das wertvolle Blattgrün aus den Blättern und bewahrt es für die neuen Blätter des kommenden Jahres auf.

Rotfichte: lange, hängende Zapfen

Weißtanne: lange, stehende Zapfen

Weißt du's
Welcher Nadelbaum wirft im Herbst seine Blätter ab?

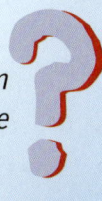

✳ Heil- und Giftpflanzen

Feuerdorn

In Gärten und an Straßen wird bei uns häufig der robuste Feuerdorn angepflanzt, der in Südeuropa beheimatet ist. Im dichten, dornigen Gestrüpp bauen Vögel gerne ihr Nest. Dort sind sie und ihre Brut vor Katzen und Mardern gut geschützt. Die orangefarbenen Beeren sind leicht giftig. Du solltest sie nicht essen!

Fingerhut

Weißt du's
Wo wächst die Tollkirsche?

Am Waldrand und auf Waldlichtungen wächst der giftige Rote Fingerhut. An den bis zu 1,5 Meter hohen Stängeln sitzen die purpurroten, glockenförmigen Blüten. Der Fingerhut enthält Stoffe, die zu lebensgefährlichen Atem- und Herzproblemen führen können. Diese Substanzen werden aber in der Medizin in geringen Mengen als wertvolle Arzneimittel genutzt. So ist der Fingerhut – wie viele andere Giftpflanzen auch – zugleich eine wichtige Heilpflanze.

Heil- und Giftpflanzen

Eibe

Die Eibe ist ein Nadelbaum. Sie wird oft in Gärten und öffentlichen Anlagen angepflanzt und wächst auch strauchförmig. Die Eibe bildet keine Zapfen, sondern große, dunkle Samen, die von einem roten Mantel umgeben sind. Alle Teile dieses Baums sind sehr giftig und können Menschen und Haustiere in kurzer Zeit töten. Wenn du eine Eibe angefasst hast, solltest du dir danach unbedingt die Hände waschen!

Kamille

Pflanzen wie Kamille, Arnika und Salbei enthalten heilende Substanzen. Bestimmt hast du schon einmal Kamillentee getrunken, wenn du krank warst. Früher wuchs die Kamille auf allen Äckern und Feldrändern. Heute findet man sie dort nur noch selten, weil sie die von den Bauern ausgebrachten Pflanzenschutzmittel nicht verträgt.

Tollkirsche

Die dunklen Früchte der Tollkirsche sehen wie reife Süßkirschen aus. Doch sie enthalten ein tödliches Gift: Schon der Verzehr von drei Beeren reicht aus, um ein Kind zu töten. Iss deshalb niemals Früchte, die du nicht wirklich kennst! Die Tollkirsche wächst an Waldwegen und auf Waldlichtungen.

Das Reich

der Tiere

Tiere haben alle Lebensräume der Erde erobert. Wir kennen mittlerweile fast zwei Millionen verschiedene Arten und täglich werden neue entdeckt. Wirbeltiere, das sind Säugetiere, Vögel, Kriechtiere, Lurche und Fische, sind die bekanntesten Tiere. Die meisten Mitglieder des Tierreichs sind jedoch wirbellose Tiere wie Insekten, Spinnentiere, Krebstiere und Weichtiere.

✳ Tiergruppen

Schimpansen gehören zu
den Menschenaffen.

Säugetiere

Die Säugetiere sind nicht die größte Tiergruppe
der Erde, aber die am weitesten entwickelte. Zu
den Säugetieren gehören so unterschiedliche Tiere
wie Mäuse, Wale, Pferde, Hasen, Igel, Robben
und Menschenaffen, mit denen wir gemeinsame
Vorfahren haben. Fast alle Säugetiere bringen
lebende Junge zur Welt.

Weißt du's
*Wie viele
Beine haben
die Insekten?* **?**

Würmer

Würmer erkennst du an ihrem länglichen,
weichen Körper ohne Beine. Biologen unterscheiden viele verschiedene Gruppen von
Würmern, zu denen auch die Ringelwürmer
gehören. Der bekannteste Ringelwurm ist der
Regenwurm, der sich durch den Boden frisst.
Die meisten Würmer leben in den Meeren.

Regenwurm

Tiergruppen ❋

Insekten

Wanzen, Heuschrecken, Libellen, Käfer, Bienen, Fliegen, Ohrwürmer, Läuse und Schmetterlinge sind Insekten. Insekten sind die größte Tiergruppe, die es auf der Erde gibt. Sie kommen überall vor: in Wäldern und auf Wiesen, in Wüsten und Savannen, in Flüssen und Teichen. Alle Insekten haben sechs Beine. Spinnen dagegen sind achtbeinig.

Tagpfauen-auge

Schwämme und Korallen

Obwohl der gelbe Schwamm und die bläuliche Koralle auf dem Bild wie Meerespflanzen aussehen, sind beide doch Tiere. Schwämme besitzen eine Hülle, die wie ein Sieb durchlöchert ist. Ständig strömt das Wasser durch sie hindurch. Eine Koralle ist eine Kolonie von einzelnen Korallentieren, die um sich herum ein Kalkskelett aufbauen.

Fische

Fische kommen in Meeren, Seen, Teichen, Flüssen und Bächen vor. Ihre Körper sind mit Schuppen bedeckt. Sie atmen keine Luft, sondern nehmen mit Kiemen den im Wasser gelösten Sauerstoff auf. Biologen unterscheiden die Knorpelfische von der großen Gruppe der Knochenfische, zu denen der Hecht auf dem Foto gehört. Haie sind Vertreter der Knorpelfische.

✳ Weichtiere

Nautilus

Zu den Weichtieren gehören neben den
Muscheln und Schnecken auch die Kopf-
füßer: Das sind Tintenfische, Kraken und der
Nautilus. Bei fast allen Kopffüßern befindet
sich die harte Schale im Körperinneren. Nur
der Nautilus ist von einer harten Schale umgeben,
die bis zu 20 Zentimeter groß wird. Darin lässt er
sich in tropisch-warmen Meeren treiben.

Krake

Der Krake ist ein Tintenfisch. Tagsüber versteckt er sich zwischen Steinen in küstennahen
Gewässern und geht erst abends auf die Jagd:
Mit seinen Fangarmen erbeutet er blitzschnell Krebse, Muscheln und Fische.
Seine Haut kann zur Tarnung wie
der Untergrund gefärbt sein.
Droht Gefahr, schießt er wie
eine Rakete davon.

Muscheln

Der weiche Körper der Muscheln
wird von zwei harten Schalen
geschützt. Sie sind wie ein Buch-
deckel miteinander verbunden.
Aus dem Wasser, das ständig
durch die Muschel strömt, filtert
sie ihre Nahrung heraus. Mies-
muscheln und die meisten anderen Muscheln sitzen fest auf
Steinen, Felsen und Holzbohlen.
Andere graben sich im weichen
Schlick ein.

Nacktschnecken

Nacktschnecken gibt es nicht nur in unseren Gärten, sondern auch in den Korallenriffen. Ihr Körper und die dicken Fühler sind leuchtend bunt gefärbt. Meeresnacktschnecken atmen mit den fadenförmigen Kiemen am After und auf dem Rücken. Sie ernähren sich von feinen Algenbelägen auf Steinen und Unterwasserpflanzen, die sie mit ihrer Raspelzunge abkratzen.

Weißt du's
Wann geht der Krake auf die Jagd?

Meeresnackt-
schnecke

Weinberg-
schnecke

Gehäuseschnecken

Mit ihrem bis zu fünf Zentimeter großen Häuschen, in das sie sich bei Gefahr und nachts zurückzieht, ist die Weinbergschnecke die größte heimische Gehäuseschnecke. Den Winter über versteckt sie sich im Erdreich. Ab März kriecht sie auf ihrer schleimigen Fußsohle auf der Suche nach Blättern und anderer Pflanzenkost umher. Am Ende der langen Fühler sitzen kleine Augen, mit denen die Schnecke Hell und Dunkel sehen kann.

❇ Krebse und Spinnentiere

Krabbenspinne

Die gelben, weißen oder grünen Krabbenspinnen bauen kein Netz, sondern sitzen auf Blättern und Blüten. Dort lauern sie auf Bienen, Hummeln, Schmetterlinge und andere Insekten. Sie töten ihre Beute mit einem giftigen Biss und überwältigen sogar Insekten, die viel größer sind als sie selbst. Krabbenspinnen bekamen ihren Namen, weil sie wie Krabben seitwärts laufen können.

Die veränderliche Krabbenspinne kann ihre Farbe wechseln und sich so tarnen.

Weißt du's
Wo lauert die Zecke Tieren und Menschen auf?

Kreuzspinne

Die Kreuzspinne baut jeden Tag ein neues Netz. Es besteht aus klebrigen Fang- und aus nicht klebrigen Lauffäden. Tagsüber versteckt sich die Spinne unter Steinen oder einem Blatt. Erst wenn es dunkel wird, krabbelt sie in die Netzmitte. Hat sich ein Beutetier im Netz verfangen, wickelt sie es in ein Fadengespinst ein. Dann tötet sie es und saugt es mit ihren Mundwerkzeugen aus.

Krebse und Spinnentiere ✳

Krabben

Krabben leben an den Meeresküsten. Du erkennst sie an ihrem breiten Körper, unter den der kurze Hinterleib wie ein Schwanz eingeklappt ist. Mit den großen Kugelaugen nimmt die Krabbe jede kleinste Bewegung wahr. Dann huscht sie eilig auf ihren vier Paar Laufbeinen in ein Versteck. Krabben fressen zum Beispiel Würmer und Muscheln.

Rote Klippenkrabbe

Flusskrebse

Der Flusskrebs ist in Flüssen mit klarem, sauberem Wasser zu Hause. Den Tag verbringt er unter Steinen. Bei Nacht verlässt er sein Versteck, um am Flussgrund zu jagen. Mit seinen großen Scheren ergreift er Wasserinsekten, Wasserschnecken, Muscheln, Lurche und Fische. Wenn er keine Beute machen kann, frisst der Flusskrebs auch Wasserpflanzen.

Zecke

Von Frühjahr bis zum Herbst lauert die Zecke auf Gräsern, Blumen und im Gebüsch. Kommt ein Tier oder Mensch vorbei, lässt sie sich abstreifen. Auf dem Körper sucht sie dann nach einer weichen Stelle: Dort bohrt sie ihre Mundwerkzeuge in die Haut und saugt Blut. Weil Zecken gefährliche Krankheiten übertragen können, musst du dich vor ihnen in Acht nehmen.

Eine hungrige Zecke ist höchstens so groß wie ein Apfelkern.

Nach der Blutmahlzeit kann sie über einen Zentimeter lang sein.

✳ Insekten

Hornissen

Hornissen leben in einem Staat, der jedes Jahr neu gegründet wird. Im Laufe des Sommers kann er auf bis zu 1000 Hornissen anwachsen. Sie bauen in verlassenen Baumhöhlen oder Nistkästen ein Papiernest aus zerkauten Holzfasern. Hornissen jagen andere Insekten, ernähren sich aber auch vom Saft süßer Früchte.

Den zirpenden Gesang der Heuschrecken hört man schon von Weitem.

Honigbienen

Imker halten Honigbienen, weil sie aus Blütennektar Honig machen. Ein Honigbienenvolk besteht aus einer Königin, die Eier legt, und sehr vielen Arbeiterinnen. Diese kümmern sich um die Brut und den Honig und sammeln Nektar und Blütenstaub. Im Sommer entwickeln sich auch männliche Bienen, die Drohnen. Sie begatten die Königin und sterben dann.

Heuschrecken

Heuschrecken leben in Gärten, auf Wiesen und an Waldrändern. Sie besitzen ein Paar lange Sprungbeine, mit denen sie weit hüpfen können. Manche Heuschrecken fressen Blätter, andere jagen Insekten und deren Larven.

Insekten ✳

Schmetterlinge

Schmetterlinge zählen zu den farbenprächtigsten Geschöpfen. Sie ernähren sich von süßem Blütennektar und bestäuben dabei die Blüten. Ihre Eier legen sie auf die Blätter verschiedener Pflanzen. Die schlüpfenden Raupen fressen die Blätter.

Die Raupen des Tagpfauenauges fressen nur Brennnesseln.

Hirschkäfer

Der bis zu acht Zentimeter große Hirschkäfer ist der größte Käfer, den es bei uns gibt. Er kommt nur in alten Eichenwäldern vor, denn er ernährt sich von den Säften dieser Bäume. Die Männchen tragen große Zangen, mit denen sie um die Weibchen kämpfen.

In der Puppe wandelt sich die Raupe zum Schmetterling.

Tagpfauenauge

Weißt du's
Wer lebt in einem Honigbienenvolk?

Fische

Fische im Korallenriff

In den Korallenriffen der tropisch-warmen Meere leben besonders viele Fische. Die meisten sind leuchtend bunt gefärbt. Die blauen und gelben Kaiserfische weiden mit ihrem leicht vorstehenden Maul Algen von den Korallenriffen ab. Diese Fische leben allein oder mit ihrem Partner in einem festen Revier, das sie gegen eindringende Artgenossen verteidigen.

Walhai

Nicht alle Haie machen mit ihren scharfen Zähnen Jagd auf andere Fische. Der Walhai zum Beispiel filtert Plankton, Quallen und kleine Fische aus dem Wasser. Der Walhai ist der größte Fisch der Erde. Er kann bis zu 14 Meter lang werden!

Karpfen

Der Karpfen liebt die flachen Uferzonen von Seen, Teichen und langsam fließenden Flüssen, wo viele Wasserpflanzen wachsen. Dort wühlt er im Gewässerboden nach Würmern, Schnecken und Kleinkrebsen. Karpfen können 50 Jahre alt werden. In flachen Teichen werden verschiedene Züchtungen des Karpfens als Speisefische gehalten.

Weißt du's
Wie heißt der größte Fisch der Erde?

Makrele

Makrelen leben in riesigen Schwärmen. Sie fressen Krebstiere und kleine Fische. Den Winter verbringen sie in tiefen, wärmeren Gewässern, wo sie sich kaum bewegen und wenig Nahrung zu sich nehmen. Makrelen werden von Thunfischen und Delfinen gejagt und von Menschen in großen Netzen gefangen.

Plattfische

Die Plattfische, zu denen die Seezungen und Schollen gehören, leben am Meeresgrund. Tagsüber graben sie sich in den weichen Untergrund ein. Damit sie gut getarnt sind, passen sie ihre Körperfarbe dem Boden an. Erst nachts verlassen sie ihr Versteck und gehen auf die Jagd nach Muscheln, Würmern und Krebsen.

✳ Lurche und Kriechtiere

Zauneidechse

Eidechsen, Schlangen und Schildkröten gehören zu den Kriechtieren. Die Zauneidechse lebt an sonnigen, trockenen und steinigen Plätzen. Morgens wärmt sie sich zuerst in der Sonne auf.

Feuersalamander

Der Feuersalamander kommt erst bei Dunkelheit aus seinem Versteck, um Schnecken, Asseln, Würmer und Insekten zu jagen. Dieser Lurch legt keine Eier, sondern setzt Larven im Wasser ab. Seine schwarz-gelbe Färbung warnt Vögel und andere Fressfeinde vor seiner giftigen Haut.

Schildkröten

Schildkröten schützen ihren weichen Körper mit einem harten Knochenpanzer, in den sie sich bei Gefahr zurückziehen. Wenn Schildkröten wachsen, wächst auch ihr Panzer mit. Ihren Hals können sie ganz lang machen, um Gras oder die Blätter von Sträuchern zu fressen. Die größten Landschildkröten sind die Riesenschildkröten, die auf einigen tropischen Inseln leben.

Lurche und Kriechtiere ✳

Ringelnatter

Die Ringelnatter kann sehr gut schwimmen und tauchen. Diese harmlose Schlange erbeutet Frösche, Molche und Fische in Teichen und Seen. Sie hat keine Giftzähne, um ihre Beute vor dem Verschlingen zu betäuben. Den Winter verbringt sie in einem frostfreien Versteck im Erdreich oder in einem Baumstumpf.

Teichfrosch

Die grünen Teichfrösche fallen durch ihr lautes Quaken auf, bei dem sie ihre beiden Schallblasen ausstülpen. Tagsüber sonnen sie sich gern am Ufer, springen aber bei der kleinsten Störung sofort ins Wasser. Im Frühjahr legen Teichfrösche ihre Eier in großen Klumpen im Wasser ab. Nach wenigen Tagen schlüpfen daraus die Kaulquappen. Im Laufe des Sommers wachsen sie zu kleinen Fröschen heran.

Weißt du's
Welche Tiere auf dieser Seite gehören zu den Kriechtieren?

✳ Vögel

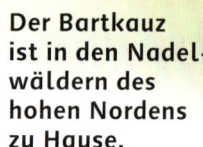

Greifvögel

Greifvögel können hervorragend hören und sehen. Sie ergreifen ihre Beute mit scharfen Krallen und zerteilen sie mit dem Hakenschnabel. Der Rotmilan auf dem Foto, der Mäusebussard und die Falken erbeuten meist Mäuse und Kaninchen. Sperber und Habichte jagen kleinere Vögel. Adler sind sehr große Greifvögel.

Der Bartkauz ist in den Nadelwäldern des hohen Nordens zu Hause.

Federn

Nur Vögel besitzen Federn. Sie sind mit dem harten Kiel in der Haut verankert. Die weichen Flaumfedern halten den Vogel warm, die großen Federn (Konturfedern) benötigt er zum Fliegen. Da sich die Federn ständig abnutzen, werden sie einmal im Jahr abgeworfen und durch neue Federn ersetzt.

Weißstorch

Der Weißstorch baut sein großes Nest gern auf Hausdächern. Dort zieht er jedes Jahr bis zu vier Junge auf. Seine Nahrung sind Mäuse, Regenwürmer und Insekten, die er auf feuchten Wiesen findet. Schon im September geht der Weißstorch auf seine lange Reise nach Afrika. Dort verbringt er den Winter.

Eulen

Eulen fliegen lautlos in der Dämmerung und bei Nacht, um Mäuse, Frösche, Kröten und Insekten zu jagen. Ihre Beute finden sie mit ihren scharfen Augen und dem ausgezeichneten Gehör. So wissen sie schon beim kleinsten Rascheln ganz genau, wo eine Maus sitzt. Bei uns ist der Waldkauz die am meisten verbreitete Eulenart. Eulen brüten gern in verlassenen Baumhöhlen und alten Greifvogel- oder Krähennestern.

Blaumeise

Blaumeisen turnen geschickt im Geäst. Sie picken mit ihrem kurzen Schnabel kleine Spinnen und Insekten aus den Ritzen feiner Zweige und Äste. Davon ernähren sie sich und ihre Brut. Blaumeisen brüten in Höhlen.

Weißt du's

Wo verbringt der Weißstorch den Winter?

Höckerschwan

Höckerschwäne brüten an vielen Seen und Teichen. Jedes Paar baut am Ufer ein riesiges Nest aus Schilfhalmen und Blättern und verteidigt es laut fauchend gegen Eindringlinge. Der Höckerschwan ist der größte heimische Vogel. Mit seinem langen Hals erreicht er die Wasserpflanzen am Gewässergrund, von denen er sich ernährt. Seine Flügel machen im Flug pfeifende Geräusche.

✳ Säugetiere

Buckelwal

Wale und Delfine leben in allen Meeren der Erde. Der bis zu 15 Meter lange Buckelwal trägt in seinem Maul viele lange Hornplatten, die Barten. Mit ihnen filtert er seine Nahrung aus dem Wasser. Zum Atmen muss er auftauchen. Manchmal springt er auch aus dem Wasser und klatscht dann laut mit seinen Flossen auf die Wasseroberfläche.

Weißt du's
Warum heißen Säugetiere Säugetiere?

Hausschwein

Säugetiere heißen so, weil sie ihre Jungen mit Muttermilch säugen. Beim Schwein liegen die Zitzen, aus denen die Milch fließt, in zwei Reihen auf der Bauchseite. Zweimal im Jahr können Schweine bis zu 14 Ferkel bekommen. Unsere Hausschweine stammen vom heimischen Wildschwein ab.

Säugetiere

Hund

Es gibt große und kleine, glatthaarige und wuschelige Hunde. Obwohl Hunde so unterschiedlich aussehen, stammen doch alle vom Wolf ab. Hunde werden auch für bestimmte Aufgaben eingesetzt: Blindenhunde etwa leiten blinde Menschen sicher durch die Stadt.

Löwe

Löwen sind Raubtiere. Sie leben in der afrikanischen Savanne. Die Löwinnen jagen gemeinsam Antilopen, Giraffen und Zebras. Die Männchen bewachen das große Revier und bekämpfen jeden Löwen, der eindringen will.

Pferd

Pferde leben in einer Herde, die aus mehreren Stuten und ihren Fohlen sowie einem Hengst besteht. Die älteste Stute führt die Herde an. Droht Gefahr, flüchtet die Herde, beschützt von ihrem Hengst. Pferde fressen vor allem Gras, aber auch Hafer.

 # Tiere in Gefahr

Wolf

Wölfe bilden Rudel. Kleine Rudel jagen hasengroße Säugetiere und Vögel. Große Rudel können auch Hirsche überwältigen. Ursprünglich war der Wolf auf der ganzen Nordhalbkugel der Erde verbreitet. Weil die Menschen Angst vor den Wölfen hatten, wurden sie fast überall gejagt und sind heute in vielen Gebieten ausgerottet.

Biber

Der Biber braucht einen natürlichen Flusslauf zum Leben. Er bewohnt mit seiner Familie eine Burg, die er aus Ästen in das Gewässer baut. Damit der Eingang stets unter Wasser liegt, staut er den Fluss mit selbst gefällten Bäumen zu einem See auf. Bei uns gibt es kaum noch Biber, weil die Flüsse für die Schifffahrt ausgebaut wurden.

Info

Auf der ganzen Welt sind Tiere vom Aussterben bedroht. Viele von ihnen sind schon für immer verschwunden, weil wir Menschen viele Lebensräume der Tiere zerstören. Wir müssen unser Verhalten ändern und die Tiere und ihre Lebensräume schützen und bewahren.

Tiere in Gefahr ❁

Großer Panda

Der Große Panda lebt in einem kleinen Gebiet im Inneren Chinas. Er ernährt sich nur von Bambus und wird deshalb auch Bambusbär genannt. Der Große Panda ist in seiner Heimat fast ausgestorben, weil große Teile der Bambuswälder abgeholzt und zu Feldern umgewandelt wurden.

Weißt du's
Wovon ernährt sich der Große Panda? **?**

Meerechsen

Meerechsen gibt es nur auf den Galapagosinseln mitten im Pazifischen Ozean. Sie tauchen bis zu zwölf Meter tief unter Wasser, um Algen und Tange abzuweiden. Weil sie keine Scheu haben, werden sie leicht von herumstreunenden Hunden und Katzen getötet, die von Menschen auf die Inseln gebracht wurden.

Tiere

in Stadt und Land

Tiere leben nicht nur in der freien Natur. Auch die Städte und Dörfer beherbergen eine vielfältige Tier-welt. In Parks und Gärten fühlen sich ver-schiedene Wildtiere wohl. Andere Tiere leben bei den Menschen. Auf den Bauernhöfen werden Tiere gehalten, die wir Menschen nutzen. Und die Heimtiere sind sogar im Haus mit uns zusammen.

Heimtiere

Hund

Der Vorfahre des Hundes ist der Wolf. Heute werden viele verschiedene Hunderassen gezüchtet. Manche sind dem Wolf noch ähnlich. Die meisten Rassen sehen aber ganz anders aus. Hunde kann man für viele Aufgaben einsetzen. Es gibt Hirtenhunde und Jagdhunde, Blindenhunde und Polizeihunde. Im hohen Norden leben die Schlittenhunde. Alle Hunde brauchen täglich Bewegung. Man muss ihnen aber auch viel Zuwendung und Pflege zukommen lassen.

Weißt du's
Wo lebt das Wild-meerschweinchen?

Wellensittich im Anflug auf seine Sitzstange

Hundewelpen beim Spielen

Katze

Die ersten Hauskatzen wurden in Ägypten gezüchtet. Ursprünglich hat man die Tiere gehalten, damit sie Mäuse fangen. Heute sind Katzen sehr beliebte Spiel- und Heimtiere. Sie brauchen viel Zuwendung. Es gibt verschiedene Rassen.

Wellensittich

Der Wellensittich ist der bekannteste und beliebteste Papagei der Welt. Er stammt aus Australien, wird aber überall gezüchtet. Wellensittiche sind gesellige Vögel. Deshalb hält man sie am besten in kleinen Gruppen. Sie fressen Samen und grüne Teile von Pflanzen. Wenn sie in Freiheit leben, nisten sie in hohlen Bäumen.

Meerschweinchen

Kinder auf allen Kontinenten halten sich Meerschweinchen als Heimtiere. Die Spielgefährten stammen vom Wildmeerschweinchen ab. Dieses Tier lebt in Südamerika. Meerschweinchen sind gesellige Tiere. Man sollte sie deshalb nicht einzeln halten. Der Käfig muss alle zwei bis drei Tage sauber gemacht werden.

Die Meerschweinchen beschnuppern sich

In unseren Städten

Fütterung bei den Rauch- schwalben

Schwalben fliegen schnell und wendig. Im Flug jagen sie Insekten. In Europa haben sich die Rauchschwalbe und die Mehlschwalbe eng an den Menschen angeschlossen. Die Rauchschwalbe brütet im Inneren von Gebäuden. Dagegen brütet die Mehl- schwalbe immer außen an Gebäuden. Ihre Nester bauen die Vögel aus Schlamm und Pflanzenteilen.

Taube

Haustauben leben in vielen Städten der Erde. Darunter sind Vögel, die von Züch- tern gehalten werden. Die meisten Tauben sind aber einfach verwildert. Sie finden in der Nähe des Menschen reichlich Futter und brüten mehrmals im Jahr. In manchen Städten sind die Vögel zu einer Plage geworden, weil es zu viele von ihnen gibt.

Spatz

Der Spatz heißt eigentlich Haus- sperling. Überall in Dörfern und Städten sind die lebhaften Vögel zu beobachten, meist in kleinen Gruppen. Sie suchen Nahrung, wo sie sie nur finden können. Spatzen nisten in Mauerlöchern, unter Dachbalken und unter Dachpfannen. Sie bauen ein unordentliches Nest aus Halmen und Federn und legen fünf bis sechs Eier.

Spatzen auf dem Kaffeetisch

In unseren Städten

Weißstorch

Jeder kennt „Adebar", den Weißstorch. Der große Vogel brütet in Dörfern und Städten, aber auch in der freien Landschaft und in Wäldern. Seine Nahrung sucht er in feuchten Wiesen und an Gewässern. Die Störche treffen bei uns im März/April ein und bleiben bis September. Die übrige Zeit des Jahres verbringen die Vögel in Afrika.

Weißt du's
Wo brütet die Mehlschwalbe?

Weißstorch mit seinen Jungen auf dem Nest

Hausmaus

Die Hausmaus lebt in unserer engsten Nachbarschaft. Sie ist allerdings nicht leicht zu beobachten. Die Tierchen sind meist nur in der Dämmerung und in der Nacht aktiv. Tagsüber schlafen sie in ihrem Nest. Hausmäuse bekommen mehrmals im Jahr Junge. Sie vermehren sich also rasch.

Vögel im Garten

Amsel

Die Amsel lebt überall in unseren Gärten und Parks. Auch im Wald kann man sie beobachten. Das Männchen hat ein schwarzes Gefieder, einen gelben Ring um das Auge und einen gelben Schnabel. Das Weibchen ist bräunlich gefärbt; auch sein Schnabel ist braun. Ein anderer Name des Vogels ist Schwarzdrossel.

Kohlmeise

Die Kohlmeise ist ein richtiger Frühlingsbote. Sie singt oft schon im ausgehenden Winter. Ihr Nest baut sie in Baumhöhlen oder Mauerspalten. Sie brütet aber auch in Nistkästen. Die Kohlmeise ist die größte unserer Meisen. Kleiner ist beispielsweise die Blaumeise. Beide Vögel kommen im Winter ans Futterhaus. Liegt der Garten nahe am Wald, kann man dort noch andere Meisen beobachten.

Kohlmeisen im Winter am Futterhaus

Vögel im Garten

Weißt du's

Woran erkennt man das Dompfaff-Männchen?

Dompfaff

An seiner roten Brust und der schwarzen Kopfplatte ist das Dompfaff-Männchen leicht zu erkennen. Das Weibchen ist graubraun gefärbt. Die Vögel leben im Wald, in Parks und in Gärten. Sie fressen Knospen, Beeren und Samen, aber auch Insekten. Der Vogel wird auch Gimpel genannt.

Dompfaff

Buchfink

Buchfinken haben einen kurzen, kräftigen Schnabel. Damit können sie Samen und Früchte mit harten Schalen knacken. Man kann den Vogel überall in Gärten und Parks, in Feldgehölzen und Wäldern beobachten. Das Nest steht auf waagerechten Ästen und in Astgabeln. Es ist gut getarnt, und man entdeckt es nur selten.

Nutztiere

Gans

Hausgänse stammen von der wilden Grau-gans ab. Die Tiere liefern uns Fleisch und Federn. Meist werden Gänse in großen Gruppen im Stall gehalten. Manchmal kann man aber beobachten, wie sie vom Stall auf die Weide getrieben werden – und umgekehrt. Im „Gänsemarsch" laufen die Vögel dann hintereinander her. Meist hört man sie dabei aufgeregt schnattern.

**Hausgänse auf dem Weg
vom Stall auf die Weide**

Info

Überall auf der Welt werden Nutztiere gehalten. Sie liefern uns Menschen Fleisch und Milch, aber auch Federn und Häute, die wir zu Leder verarbeiten. Manche Tiere helfen dem Menschen bei der Arbeit. Sie ziehen den Pflug auf den Feldern oder Wagen mit großen Lasten.

Weißt du's
Von welcher Vogel-art stammen die Hausenten ab?

Nutztiere

Ente

In vielen Ländern der Erde werden Enten gehalten. Sie stammen von der Stockente ab, die bei uns in der freien Natur lebt. Es gibt verschiedene Rassen von Hausenten. Die Vögel liefern uns Fleisch und Federn.

Schwein

Auf der Welt werden viele Millionen Schweine gehalten. Sie sind unsere wichtigsten Lieferanten von Fleisch. Schweine sind sehr fruchtbar. Die Sauen können zweimal im Jahr Junge bekommen. Meist sind es acht bis vierzehn Ferkel. Alle Hausschweine stammen vom Wildschwein ab.

Huhn

Hühner werden heute auf der ganzen Welt gehalten. Es gibt verschiedene Rassen, die alle möglichen Farben aufweisen. Die Hähne haben einen roten Kamm, rote Kehllappen und einen Schwanz mit sichelförmigen Federn. Manche Hühner können mehr als dreihundert Eier im Jahr legen.

Wiesen und Felder

Feldhase

Am liebsten leben Feldhasen in einer abwechslungsreichen Landschaft. Es sollten Wiesen und Felder, aber auch Hecken vorhanden sein. Mehrmals im Jahr bekommen die Hasen Junge. Schon früh im Jahr werden die „Märzhasen" geboren. Sie brauchen warmes und trockenes Wetter, um zu überleben.

Kämpfende Feldhasen in der Paarungszeit

Weißt du's
Wie ist das Hermelin im Winter gefärbt?

Fasan

Die ursprüngliche Heimat des Fasans liegt in Asien. Der Hahn ist auffällig bunt und hat einen langen Schwanz. Die Henne hat dagegen ein braunes Gefieder. Das ist wichtig, weil sie brütet und deshalb gut getarnt sein muss.

Fliegender
Kleiner Fuchs

Maulwurf

Der Maulwurf hat einen walzen-
förmigen Körper und ein schwarzes,
samtiges Fell. Mit seinen schaufel-
förmigen Händen gräbt er sich unter-
irdische Gänge. Meist bemerkt man
das Tier erst, wenn es die Erde nach
oben schiebt. Die ergibt dann die
typischen Maulwurfshügel.

Kleiner Fuchs

Der bunte Kleine Fuchs fliegt schon
zeitig im Frühjahr und ernährt sich
von Blütennektar. Die Raupen
fressen an Brennnesseln.
Sie sind schwarz gefärbt
und tragen kleine
Dornen. Auffällig
sind die gelben
Längsstreifen.

Hermelin

Das Hermelin ist ein schneller, kleiner
Jäger. Auf seinen Streifzügen dringt
es in die Gänge von Mäusen und
Hamstern ein, um Beute zu
machen. Das Hermelin geht
nicht nur in der Nacht auf
Jagd, sondern auch tags-
über. Es gehört zu den
wenigen europäischen
Tieren, die im Winter
ein weißes Fell tragen.
Nur die Schwanzspitze
ist dann noch schwarz.

Neugieriges
Hermelin

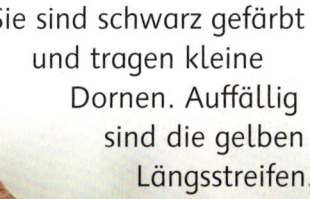

Auf der Weide

Schaf

Bei uns gibt es heute nicht mehr viele Schafherden, die unter der Aufsicht eines Schäfers und seiner Hütehunde durch die Landschaft ziehen. Die meisten Schafe werden auf Koppeln gehalten. Für uns Menschen sind die Tiere wichtig, weil sie uns Wolle, Fleisch und Milch geben. Die Lämmer werden im Frühling geboren und können gleich laufen.

Aufmerksamer Ziegenbock

Ziege

Ziegen werden bei uns nur noch selten gehalten. Die meisten leben heute in Südeuropa und in anderen warmen Zonen der Erde. Die Tiere liefern Milch und Fleisch. Angora- und Kashmir-Ziegen geben eine sehr feine und teure Wolle.

Rind

Das Rind ist unser wichtigstes Nutztier. Es stammt vom Auerochsen ab. Dieses Wildrind hat in den Wäldern Europas und Asiens gelebt. Es ist vor einigen hundert Jahren ausgestorben. Es gibt verschiedene Rassen von Rindern. Die Kühe und Bullen liefern uns vor allem Milch und Fleisch. Sie werden aber auch als Arbeitstiere eingesetzt.

Neugierige Rinder auf der Weide

Weißt du's
Wo lebte der
Auerochse?

Pferd

Der wilde Vorfahre unseres Hauspferdes ist das Przewalski-Pferd. Es lebt in den Steppen im Inneren von Asien. Daraus wurden im Lauf der Zeit viele Rassen gezüchtet. Darunter sind kleine Ponys, aber auch sehr große Arbeitspferde. Das Shire-Pferd ist die größte Rasse, die es heute gibt. An verschiedenen Stellen der Erde leben Pferde noch halbwild. Die bekanntesten sind die nordamerikanischen Mustangs.

Island-Pferde
auf der Koppel

Tiere

in den Wäldern

Wälder sind Lebens-
räume, in denen viele
Bäume und Sträucher
wachsen. In den Wäl-
dern lebt aber auch
eine Vielfalt von Tieren.
Darunter sind Säugetiere,
Vögel und viele Kleintiere,
allen voran Insekten. Und
das ist in allen Erdteilen so.
Allerdings sehen die Wälder bei
uns anders aus als die Wälder im Norden. Und wieder andere Lebensbedingungen
herrschen in den Wäldern der Tropen.

Bei uns im Wald

Eichhörnchen

Eichhörnchen leben vor allem im Wald. Die kleinen Nagetiere sind aber auch in Parks und Gärten zu Hause, selbst mitten in der Stadt. Geschickt klettern sie in den Bäumen herum. Sie können auch von einem Baum zum nächsten springen.

Rotfuchs

Der Rotfuchs hat ein rotbraunes Fell und einen langen, buschigen Schwanz. Am liebsten hält er sich an Wald-rändern auf. Man kann Füchse aber auch in Dörfern und Städten beobachten. Meist verschlafen sie den Tag in ihrem Bau. Die Tiere jagen vor allem Mäuse. Sie fressen aber auch vieles andere: Vögel, Insekten, Regenwürmer, Obst, Beeren und Samen. Die Jungen kommen im Frühjahr zur Welt.

Weißt du's
Wo brütet der Buntspecht?

Füchsin und ihre Welpen am Eingang des Baues

Maikäfer

Der große Käfer hat einen festen Panzer. Vorne glänzt er schwarz, hinten braun. Die Tiere entwickeln sich im Waldboden. Dort legt das Weibchen seine Eier ab. Nach drei bis vier Jahren krabbeln die fertigen Käfer ans Licht.

Buntspecht

Spechte können gut an Baumstämmen hinaufklettern. Sie halten sich dabei mit den Krallen fest und stützen sich mit dem Schwanz ab. Der Buntspecht ist einer unserer häufigsten Spechte. Er lebt in Wäldern, Parks und großen Gärten. Zum Brüten zimmert er sich eine Höhle in einen Baumstamm. Dort wachsen die jungen Spechte gut geschützt heran.

Buntspecht beim Füttern eines Jungen

Kleiber

Der Kleiber klettert geschickt auf Bäumen herum. Dabei kann er auch mit dem Kopf voran abwärtslaufen. Das kann kein anderer Vogel in Europa. Er brütet in Baumhöhlen oder auch in Nistkästen. Oft ist das Eingangsloch zu groß. Dann bringt der Kleiber es auf die passende Größe. Dazu verwendet er feuchten Lehm und Speichel.

Leben am Waldboden

In unseren Wäldern sieht man immer wieder die großen Baue der Waldameise. Die kuppelförmigen Hügel bestehen aus Nadeln, kleinen Zweigen, Moos und Erde. Das Ameisennest dehnt sich aber auch unter der Erde aus. Oft leben in einem Bau 100 000 und mehr Ameisen zusammen. Man nennt das einen Ameisenstaat.

Rotkehlchen

Das Rotkehlchen ist ein besonders hübscher Singvogel. Männchen und Weibchen haben beide eine orange Kehle. Eigentlich ist das Rotkehlchen ein Waldvogel. Mittlerweile ist es aber auch in Parks und Gärten heimisch geworden. Überwiegend halten sich Rotkehlchen am Boden auf. Dort suchen sie ihre Nahrung. Und dort bauen sie auch ihre Nester.

Mistkäfer

Auf einem Waldspaziergang sieht man immer wieder einmal Mistkäfer am Boden herumkriechen. Die Insekten sind blauschwarz gefärbt. Sie legen ihre Eier in toten Tieren und in Kot ab. Wenn die Larven schlüpfen, haben sie gleich etwas zu fressen.

Rotkehlchen am Waldboden

Leben am Waldboden

Zauneidechse

Eidechsen gehören zu den Kriechtieren. Die häufigste Art in Europa ist die Zauneidechse. Oft sieht man die Tiere in den Morgenstunden in der Sonne liegen, um sich aufzuwärmen. Ihre Nahrung besteht überwiegend aus Spinnen, Insekten und Würmern. Das Weibchen legt fünf bis vierzehn Eier in die Erde. Daraus schlüpfen nach etwa zwei Monaten die jungen Eidechsen.

Zauneidechse auf einem Baumstamm

Weißt du's
Woraus bestehen die Baue der Waldameisen?

Waldmaus

Die Waldmaus ist nicht leicht zu beobachten. Sie ist nämlich vorwiegend in der Dämmerung und in der Nacht aktiv. Dann sucht sie nach Samen von Gräsern und Kräutern, nach Eicheln und Bucheckern. Daneben frisst die Maus Insekten, Schnecken und Spinnen.

Huftiere unserer Wälder

Rothirsch

Der Rothirsch braucht zum Leben große Wälder. Tagsüber ist er kaum zu beobachten. Dann hält er sich im Dickicht versteckt. Erst in der Dämmerung und in der Nacht wird er aktiv. Die männlichen Tiere tragen ein Geweih. Damit kämpfen sie im Herbst um die Weibchen. In dieser Zeit hört man die Hirsche laut röhren.

Weißt du's

Wie nennt man die jungen Wildschweine?

Info

Bei Rothirsch und Reh tragen die männlichen Tiere ein Geweih. Es wird im Winter abgeworfen und bildet sich dann neu. Das Mufflon trägt dagegen ein Gehörn. Es wächst, solange das Tier lebt.

Röhrender Rothirsch in seinem Rudel

Huftiere unserer Wälder

Wildschwein

Mit ihrer langen Rüssel-
schnauze durchwühlen Wildschweine den Waldboden.
Sie fressen Eicheln und Bucheckern, Wurzeln und Pilze,
Würmer und Engerlinge. Die
jungen Wildschweine werden
im März/April geboren. Man
nennt sie Frischlinge.

Mufflon

Mufflons sind Wildschafe. Ihre
ursprüngliche Heimat sind Inseln
im Mittelmeer. Bei uns wurden
die Tiere eingebürgert. Sie sind
tagsüber und nachts aktiv und
leben gesellig. Die Lämmer werden
im März/April geboren. Mufflons
werden zwölf bis fünfzehn Jahre alt.

**Mufflon-Widder mit
seinen schnecken-
förmigen Hörnern**

Reh

Rehe gehen erst in der Dämmerung
auf Nahrungssuche. Sie fressen Gräser
und Kräuter, aber auch Knospen und
Laub von Sträuchern und jungen Bäumen. Die meiste Zeit des Jahres leben
Rehe in Gruppen zusammen. Die Kitze
kommen im Frühling zur Welt.

Nachts im Wald

Uhu

Der Uhu ist die größte europäische Eule überhaupt.
Seinen Namen hat er nach seiner Stimme bekommen. Die dumpfen „U-hu"-Rufe sind besonders in
der Paarungszeit – Februar bis April – zu hören.
Der Uhu jagt in der Dämmerung und nachts. Er
frisst Säugetiere bis zur Größe von Hasen und
Vögeln. Er brütet in Felsnischen.

Uhu auf der Jagd nach Beute

Siebenschläfer

Der Siebenschläfer hat ein graues Fell und einen
langen, buschigen Schwanz. Das kleine Nagetier
schläft tagsüber in seinem Unterschlupf. Erst in
der Dämmerung wird es rege. Mit seinen großen,
dunklen Augen kann der Siebenschläfer auch bei
Dunkelheit gut sehen. Er frisst Samen und Früchte,
Rinde und Knospen von Büschen und Bäumen.
Der Winterschlaf dauert von September/Oktober
bis Mai/Juni. Das sind rund sieben Monate!

Nachts im Wald 🐾

Dachs

Dachse sieht man nicht oft. Sie sind nämlich scheu und nur in der Dämmerung und nachts aktiv. Dachsbaue liegen meist unter Bäumen oder zwischen Büschen. Von dort aus gehen die Tiere auf Nahrungssuche. Sie fressen Kleintiere, Beeren und Früchte, im Winter auch Wurzeln und Knollen.

Fledermaus

Fledermäuse sind die einzigen Säugetiere, die fliegen können. Zwischen Armen, Beinen und Schwanz sind Flughäute ausgespannt. Die Tiere können selbst in völliger Dunkelheit Beute finden. Dabei helfen ihnen Schallwellen, die wir Menschen nicht hören können.

Igelfamilie auf der Nahrungssuche

Igel

Weißt du's
Welches Säugetier kann fliegen?

Igel fallen sofort durch ihr Stachelkleid auf. Das haben auch schon die Jungen. Die Stacheln sind bei ihnen aber noch weich und erhärten erst später. Igel verschlafen den Tag. Nur in der Dämmerung und in der Nacht sind sie aktiv. Auf ihren Streifzügen suchen sie nach Insekten, nach anderen kleinen Tieren und nach Früchten.

Wälder des Nordens

Auerhahn auf
Partnersuche

Auerhuhn

Das Auerhuhn liebt ruhige Misch- und Nadelwälder mit reichlichem Unterwuchs an Beerensträuchern. Es ernährt sich von Pflanzentrieben, Beeren, Kleintieren und Nadeln von Bäumen. Wie bei allen Hühnervögeln brütet nur die Henne. Um vor Feinden sicher zu sein, ist sie unscheinbar gefärbt. Das Nest steht meist am Fuß eines Baumes, aber auch zwischen niedrigen Sträuchern. Die Henne legt sieben bis elf gelbbraune, dunkel gefleckte Eier.

Weißt du's
Wann kommen die jungen Braunbären zur Welt?

Luchs

Der Luchs ist ein sehr scheues Raubtier. Er ist vorwiegend in der Dämmerung und nachts unterwegs. Geschickt pirscht er sich an seine Beute heran. Aus passender Entfernung springt er auf die Beute zu und reißt sie zu Boden. Luchse jagen Hasen, Rehe, kleine Nagetiere und Vögel.

Biber

Biber bewohnen Gewässer. Sie benagen die Stämme und Zweige von Bäumen. Ein Biberbau hat immer einen Zugang, der unter Wasser liegt. Um den Wasserstand um den Bau herum gleichmäßig hoch zu halten, legen die Tiere Staudämme aus Ästen und Zweigen an.

Elch

Elche werden so groß wie Pferde. Die Tiere ernähren sich von Blättern und Zweigen von Bäumen. Daneben fressen sie Sumpf- und Wasserpflanzen. Die männlichen Elche tragen ein Geweih. Es wird im Frühjahr abgeworfen. Danach entwickelt sich ein neues.

„Meister Petz", der Braunbär, räkelt sich

Braunbär

Bären sind Raubtiere. Braunbären fressen aber nicht nur Fleisch, sondern auch Pflanzen. Im Herbst legen sie sich ein Fettpolster zu. Davon können sie im Winter zehren. Die Zeit zwischen November und März ruhen sie in einer Höhle. Mitten im Winter kommen dort die Jungen zur Welt. Sie müssen noch einige Wochen wachsen, bevor sie die Höhle verlassen können.

Tropenwälder Afrikas

Weißt du's
*Womit fangen
Chamäleons
ihre Beute?*

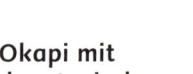

Okapi

**Okapi mit
dem typischen
Streifenmuster**

Das Okapi ist mit der Giraffe verwandt. Sein samtiges Fell ist schwarz-
braun gefärbt. An den Oberschenkeln
haben Okapis auffällige weiße Streifen.
Die Tiere leben nur im Kongobecken und
wurden in Europa erst 1900 genauer bekannt.
Sie sind reine Pflanzenfresser.

Gorilla

Trotz ihrer Größe und Kraft sind Gorillas friedliche
Waldbewohner. Sie ernähren sich ausschließlich
von Pflanzen. Die Tiere leben in Familiengruppen
zusammen. Die Gruppen werden von einem alten
Männchen angeführt.

Tropenwälder Afrikas

Chamäleon beim Fang eines
Insektes mit der langen Zunge

Chamäleon

Chamäleons sind mit den
Eidechsen verwandt. Sie
haben Kletterfüße und einen
schlanken Greifschwanz.
Damit können die Tiere gut
in Büschen und Bäumen
herumturnen. Ein ganz tol-
les Werkzeug ist die lange
Schleuderzunge. Mit deren
Hilfe können Chamäleons
Kleintiere blitzartig von
Zweigen und Blättern
„schießen".

Schimpanse

Schimpansen streifen in
kleinen Gruppen durch den
Wald. Morgens fressen die
Tiere für ein paar Stunden.
Dann ruhen sie sich aus.
Am Nachmittag suchen
sie noch einmal Nahrung.
Die Nacht verbringen die
Menschenaffen in selbst
gebauten Schlafnestern.

Info

Gorilla und Schimpanse
gehören zu den Menschen-
affen. Ein weiterer
Menschenaffe ist der
Zwergschimpanse aus
Zentralafrika. Er wird
auch Bonobo genannt.
Nah verwandt ist außer-
dem der Orang-Utan,
der in Indonesien lebt.
Diese Tiere sind die
nächsten Verwandten
von uns Menschen.

Schimpansen-Gruppe

Urwald am Amazonas

Info

Am Amazonas in Südamerika liegen die größten Urwaldgebiete der Erde. Allerdings werden heute jeden Tag große Flächen in Weide- und Ackerland umgewandelt. Damit verschwinden viele Pflanzen und Tiere. Wir alle müssen uns dafür einsetzen, dass die Tropenwälder zukünftig besser geschützt werden als bisher.

Faultier

Faultiere leben in Mittel- und Südamerika. Meist hängen die Tiere faul in den Baumkronen. Manchmal bewegen sie sich aber zeitlupenartig von einem Ast zum nächsten. Die Tiere fressen Blätter, Früchte und Wurzelknollen. In ihrem Fell wachsen Algen. Dort nisten sich aber auch Milben, Käfer und Schmetterlinge ein.

An einem Zweig hängendes Dreifinger-Faultier

Jaguar

Jaguare sind die größten Raubkatzen Amerikas. Sie haben ein goldbraunes Fell mit schwarzen Flecken. Die Tiere leben meist einzeln. Manchmal sieht man sie auch paarweise oder in kleinen Familiengruppen. Sie jagen tagsüber. Ihre Beute umfasst kleine und große Säugetiere. Außerdem fressen Jaguare Schildkröten und Fische.

Jaguar mit aufgerissenem Fang

Pfeilgiftfrosch

Pfeilgiftfrösche sind über die Tropen Amerikas verbreitet. Sie sind nur wenige Zentimeter groß, aber auffällig gefärbt. Die Urwald-Indianer streichen das Gift der Frösche auf die Spitzen ihrer Pfeile. Getroffene Beutetiere werden fast auf der Stelle gelähmt.

Urwald am Amazonas

Tukan

Tukane leben nur in Mittel- und Südamerika. Sie haben sehr große, bunte
Schnäbel. Die Vögel fressen vor allem
Früchte, aber auch Insekten, Spinnen
und andere Kleintiere. Tukane brüten
in Baumhöhlen, gewöhnlich hoch über
dem Erdboden. Die Weibchen legen
zwei bis vier weiße Eier.

Weißt du's
*Welche ist die
größte Raub-
katze Amerikas?*

Ara

Aras sind die größten aller heute lebenden
Papageien. Sie leben in den Wäldern Mittel-
und Südamerikas. Die Vögel haben einen
kräftigen, gebogenen Schnabel mit
einer scharfen Spitze. Damit
können sie selbst Früchte und
Samen mit harten Schalen
aufknacken. Den
Schnabel benutzen
sie aber auch
beim Klettern
wie einen
„dritten
Fuß".

**Hellrote Aras
klettern auf
einem Ast herum.**

Wälder Asiens

Großer Panda

Den Großen Panda oder Bambusbären kennt jeder. Der schwarz-weiß gezeichnete Kleinbär ist das Wappentier der Naturschutz-Organisation „WWF". Der Panda lebt in den Bambuswäldern im chinesischen Bergland. Und er frisst auch ausschließlich Bambus.

Weißt du's

Was bedeutet der Name „Orang-Utan"?

Tiger

Der Tiger ist die größte Raubkatze der Erde. Er hat ein rotbraunes Fell mit schwarzen oder braunen Streifen. Meist jagt er Antilopen, Wildrinder, Hirsche und Wildschweine. Die Weibchen bekommen zwei bis vier Junge. In vielen Gebieten sind Tiger heute selten geworden oder bereits ganz ausgerottet.

Orang-Utan-Mutter mit ihrem Baby

Orang-Utan

„Orang-Utan" ist ein asiatisches Wort und bedeutet übersetzt „Waldmensch". Der große Menschenaffe durchstreift die dichten Wälder von Borneo und Sumatra. Geschickt hangelt er sich mit seinen langen Armen von Ast zu Ast. Orang-Utans fressen die Früchte von Bäumen, daneben auch deren Blätter und Zweige. Für die Nacht bauen sie sich große Nester aus Laub, oft mit einem Dach als Regenschutz.

Pfau

Der Pfau lebt in seiner Heimat Indien im dichten Dschungel. Der Hahn hat ein blau und grün schillerndes Gefieder. Zur Zeit der Partnersuche schlägt er mit seinem langen Schwanz ein prächtiges Rad. Die Henne ist dagegen unscheinbar bräunlich gefärbt. Das Nest ist meist in dichtem Buschwerk verborgen.

Riesig und klein: Elefantenmutter und ihr Junges

Asiatischer Elefant

Elefanten sind große Tiere. Jeden Tag benötigen sie gewaltige Mengen an Nahrung. Asiatische Elefanten kann man zur Arbeit einsetzen. Abgerichtete Tiere leisten in der Forstwirtschaft Dienst. Sie werden von ihren Betreuern, den Mahouts, liebevoll gepflegt.

Tiere

an Flüssen und Seen

Flüsse und Seen weisen eine vielfältigen Pflanzen- und Tierwelt auf. Die längsten Flüsse der Erde sind der Nil, der Amazonas und der Mississippi. Der größte See der Erde ist das Kaspische Meer in West-Asien, der tiefste ist der Baikalsee in Sibirien. Die Gewässer der Erde sind sehr unterschiedlich. Und sehr unterschiedlich sind auch die jeweiligen Bewohner.

Bäche und Flüsse

Eisvogel sitzt
am Wasser

Eisvogel

Wie ein leuchtend blaugrüner Pfeil saust der Eisvogel niedrig über das Wasser klarer Bäche. Irgendwo setzt sich der Vogel dann auf einen Ast. Von dort aus stürzt er sich senkrecht ins Wasser hinab. Kurz darauf taucht er mit einem kleinen Fisch im Schnabel wieder auf. Eisvögel fressen aber auch Frösche, Kaulquappen und Insekten. Ihre Bruthöhlen graben die schönen Vögel in Lehmwände an den Ufern der Bäche.

Weißt du's
Wo legen Eisvögel ihre Bruthöhlen an?

Bachforelle

Bachforellen leben in Bächen und kleinen Flüssen. Deren Wasser muss klar und kalt sein. Die Fische haben auf dem Rücken schwarze und rote Flecken. Sie fressen Kleintiere. Große Forellen fressen auch kleine Fische. Forellen legen ihre Eier im Spätherbst und im Winter ab. Dies geschieht an flachen Stellen mit Kiesgrund.

Graureiher

Der Reiher jagt in feuchten Wiesen und an Gewässern. Unbeweglich lauert er auf Beute: Fische, Lurche und Kriechtiere, aber auch Mäuse und Insekten. Die Vögel bauen aus Ästen und Zweigen große Nester. Sie befinden sich meist in den Kronen hoher Bäume. Graureiher brüten in Kolonien.

Fischotter

Fischotter sind meist nachts unterwegs. Tagsüber schlafen sie. Die Tiere schwimmen aber nicht nur im Wasser herum, sondern unternehmen auch Streifzüge an Land. Sie ernähren sich fast ausschließlich von Fischen. Wegen ihres kostbaren Felles wurden die Otter früher stark bejagt. In vielen Gebieten Europas sind die Tiere nahezu verschwunden.

Ein Fischotter steht auf seinen Hinterpfoten und hält Ausschau.

Info

Fließende Gewässer sind wichtige Lebensräume. Am und im Wasser herrscht vielfältiges Leben. Aber nur wenn das Wasser der Bäche und Flüsse sauber ist, können dort Pflanzen und Tiere leben. Der Schutz unserer Gewässer ist also eine wichtige Aufgabe!

Am Seeufer

Info

Am Ufer von Seen und Weihern findet
man meist unterschiedliche Lebensräume. Dort wachsen feuchte Wälder
und große Bestände von Schilf. Auf dem
Wasser schwimmen Seerosen. Und auch
im flachen Wasser wachsen noch Pflanzen. Überall finden kleine und große
Tiere Lebensmöglichkeiten. Deshalb
kann man am Seeufer meist viele inte-
ressante Beobachtungen machen.

Ringelnatter mit
den typischen gelben
Flecken am Kopf

Ringelnatter

Die Ringelnatter ist eine völlig harmlose
Schlange. Sie hat keine Giftzähne und ver-
schlingt ihre Beute lebend. Dazu zählen
Eidechsen, Molche, Frösche und Fische.
Die Weibchen legen Eier, und daraus
schlüpfen nach einiger Zeit die Jungen.

Weißt du's ?

Woran erkennt man die Ringelnatter?

Teichrohrsänger bei seinen Jungen im Nest

Teichrohrsänger

Rohrsänger leben vor allem im Schilfröhricht. Die Vögel bauen sehr kunstvolle Nester. Sie weben es zwischen mehrere Schilfhalme. Die Eier und die Jungen sind in der tiefen Mulde gut geschützt. Sie können nicht aus dem Nest fallen, wenn ein heftiger Wind durch das Röhricht geht. Der Teichrohrsänger ist der häufigste Rohrsänger Europas.

Blässhuhn

Blässhühner erkennt man leicht an dem schwarzgrauen Gefieder, der weißen Platte auf der Stirn und dem weißen Schnabel. Die Vögel fressen Wasserpflanzen, Samen und im Wasser lebende Kleintiere. Ihre Nester verstecken sie meist in den Pflanzen am Ufer.

Seeadler

Seeadler haben eine Flügelspannweite von über zwei Metern. Mit ihren langen, scharfen Krallen packen sie ihre Beute und halten sie damit auch fest. Dann reißen sie mit dem Hakenschnabel Stücke aus der Beute, um sie zu verspeisen. Seeadler fressen vor allem Fische. Sie jagen aber auch Wasservögel und fressen Aas.

Rufender Seeadler

Welt unter Wasser

Posthornschnecke

Die große Wasserschnecke hat ein rotbraunes Gehäuse. Sie ernährt sich von Wasserpflanzen und Aas. Die Eier werden in Ballen abgelegt. Nach einigen Tagen schlüpfen die jungen Schnecken aus.

Wasserfrosch

Die grasgrün gefärbten Wasserfrösche fressen Insekten, Kleinkrebse, Würmer und Kaulquappen. Im Mai hört man sie laut quaken. Dabei stülpen sie Schallblasen zu beiden Seiten des Kopfes aus. Ihre Eier geben die Frösche in Klumpen ins Wasser ab. Die Kaulquappen schlüpfen nach sieben bis zehn Tagen. Sie verwandeln sich nach rund vier Monaten in kleine Frösche. Die Lebensdauer von Wasserfröschen liegt bei rund zehn Jahren.

Quakender Wasserfrosch mit seinen Schallblasen

Welt unter Wasser

Hecht

Der Hecht liebt die flachen Uferzonen von Seen und Weihern,
wo viele Wasser- pflanzen
wachsen. Dort lauert der
Raubfisch bewegungslos,
bis ein Beutetier in die Nähe
kommt. Dann schießt er her-
vor und packt die Beute mit
seinen scharfen Zähnen. Junge
Hechte ernähren sich zunächst
von Kleinkrebsen. Nach und nach
wagen sich die Fische an größere Beute.

Der Hecht
lauert auf
Beute

Weißt du's
*Wo lauert der
Hecht auf Beute?*

Gelbrandkäfer

Der Gelbrandkäfer hat einen
ovalen, flachen Körper. Seine
Hinterbeine tragen Borsten.
Damit kann er sich im Wasser schnell und gewandt fort-
bewegen. Käfer und Larven
sind gefräßige Räuber. Sie
fressen kleine Wassertiere
wie Kaulquappen, Molche
und kleine Fische.

Wasservögel

Kormoran

Der Kormoran hat ein schwarzes Gefieder. Er jagt unter Wasser Fische. Im Frühling beziehen die Vögel ihre Brutkolonien. Sie bauen aus Ästen und Zweigen große Nester. Darin liegen drei bis vier hellblaue Eier. Die Bewohner mancher Gebiete in Afrika und Asien setzen Kormorane als Helfer beim Fischfang ein.

Höckerschwan

Höckerschwäne gehören zu den größten flugfähigen Vögeln. Sie fressen Wasser- und Uferpflanzen. Dabei tauchen sie ihren Hals ins Wasser, und das Hinterteil zeigt in die Höhe. Die Vögel bauen aus Schilf und anderen Wasserpflanzen ein großes Nest. Die jungen Schwäne tragen ein graubraunes Daunenkleid. Später sind sie hellbraun und weiß gefärbt.

Weißt du's
Welche Farbe haben die Eier der Kormorane?

Höckerschwan mit seinen Jungen

Wasservögel

Komoran-Paar
am Nest bei
seinen Jungen

Stockente

Überall an Flüssen und Seen kann man
Stockenten beobachten. Die Vögel nisten
meist in dichter Vegetation nah am Wasser. Nur das Weibchen brütet. Um vor
Feinden sicher zu sein, ist es durch ein
bräunliches Gefieder getarnt. Dagegen
hat das Männchen, der Erpel, einen
grünen Kopf, einen gelben Schnabel, einen weißen Halsring und
eine kastanienbraune Brust.

Graugans

Die Graugans brütet an
größeren Weihern und an Seen.
Sie frisst Pflanzensamen, grüne
Triebe, Beeren und Wurzeln.
Die Vögel nisten meist im Röh-
richt. Ihr Nest bauen sie aus
Schilfhalmen und anderem
Pflanzenmaterial.

Am Ufer eines Weihers
stehender Stockenten-Erpel

Haubentaucher

Haubentaucher jagen unter
Wasser. Sie tauchen auch,
wenn sie sich bei Gefahr in
Sicherheit bringen wollen. Die
Vögel bauen aus Wasserpflan-
zen schwimmende Nester. Die
Jungen können sofort schwim-
men. Sie werden aber noch
zeitweise von den Eltern im
Rückengefieder herumgetragen.

Feuchtgebiete in Afrika

Kronenkranich mit seiner schönen Federkrone auf dem Kopf

Flamingo

Flamingos haben sehr lange Stelzbeine und einen sehr langen Hals. Die Vögel ernähren sich von winzig kleinen Pflanzen und Tieren, die im freien Wasser von Flachseen schweben. Sie bauen hügelförmige Nester aus Schlamm. Zum Brüten finden sie sich in großen Kolonien zusammen.

Kronenkranich

Kraniche gehören zu den größten Vögeln der Erde. In Afrika leben die Kronenkraniche. Sie ernähren sich von Pflanzensamen und Kleintieren. Die Vögel bauen aus Pflanzenmaterial große Nester. Die Jungen verlassen das Nest wenige Stunden nach dem Schlüpfen. Im Alter von drei Monaten können sie fliegen.

Schlangenhalsvogel

Schlangenhalsvögel sind mit den Kormoranen nah verwandt. Sie haben einen langen, dünnen Hals und einen spitzen Schnabel. Beim Schwimmen liegen die Vögel tief im Wasser. Haben sie einen Fisch oder ein anderes Wassertier erspäht, stoßen sie blitzschnell zu. Mit dem dolchartigen Schnabel spießen sie die Beute auf.

Afrikanischer Schlangenhalsvogel beim Trocknen seiner Flügel

Feuchtgebiete in Afrika

Nilkrokodil

Krokodile sind die größten Kriechtiere, die es heute auf der Erde gibt. Tagsüber liegen sie meist auf dem Trockenen in der Sonne. Nilkrokodile werden bis sieben Meter lang. Sie fressen Schildkröten und Fische, aber auch Antilopen und andere Säugetiere.

Entspanntes Fluss-
pferd mit seinem
Jungen am Flussufer

Flusspferd

Weißt du's
*Wie fangen
Schlangenhals-
vögel ihre Beute?*

Flusspferde wirken stämmig und plump. Sie können aber ganz gut laufen. Dennoch halten sie sich meist im Wasser auf. Die Tiere ernähren sich von saftigen Kräutern und Gräsern, abgefallenen Baumfrüchten und Wasserpflanzen.

Tiere

im Gebirge

Auf allen Kontinenten gibt es Gebirge. In Mitteleuropa sind es die Alpen. Deren höchster Berg, der Mont Blanc, ist fast fünftausend Meter hoch. Mit zunehmender Höhe werden die Lebensbedingungen immer schwieriger. Die Pflanzen und Tiere der Gebirge sind an das Leben in den verschiedenen Höhenstufen gut angepasst. Nur deshalb können sie überleben.

In unseren Bergen

Gämse

Die Gämse – oder Gams – hat eine auffällige schwarz-weiße Gesichtszeichnung. Die Hörner sind dünn und an der Spitze nach hinten umgebogen. Die Tiere fressen Blätter und Zweige von Sträuchern und Bäumen, aber auch Gräser und Kräuter. Sie leben in Rudeln zusammen.

Apollofalter auf einer Bergblume

Schneehase

Im Sommer ist der Schneehase graubraun gefärbt. Im Winter trägt er dagegen ein weißes Fell. Sommer- und Winterfell sind also so gefärbt wie die jeweilige Umgebung. So ist der Hase immer gut getarnt. Er frisst Gräser und Kräuter, knabbert aber auch an Sträuchern.

Murmeltier

Murmeltiere leben auf den Bergwiesen oberhalb der Baumgrenze. Dort graben sie ihre Baue in den Boden. Die Tiere leben fast immer mit Artgenossen zusammen. Bei Gefahr stellen sie sich auf die Hinterbeine und pfeifen laut. Der Winterschlaf dauert von Oktober bis April. In dieser Zeit wachen die Tiere hin und wieder auf. Sie verlassen die Baue aber nicht.

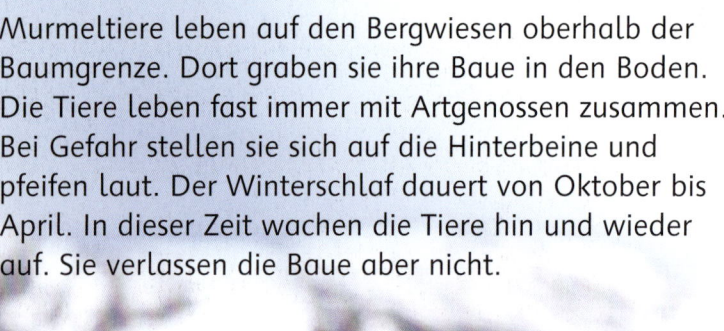

Wachsames Murmeltier

In unseren Bergen

Apollofalter

Der Apollofalter ist einer der größten und schönsten Schmetterlinge der Alpen. Man kann ihn auf Wiesen bis in zweitausend Meter Höhe beobachten. Der Falter fliegt zwischen Juni und September. Er ist selten geworden und steht unter Naturschutz.

Steinbock

Steinböcke leben in Höhen von über zweitausend Metern. Selbst in steilem Fels klettern die Tiere sicher herum. Ihr Fell ist braun. Die Böcke tragen einen kurzen Kinnbart. Typisch sind die säbelförmig nach hinten gekrümmten Hörner. Sie können bei den Böcken einen Meter lang werden. Die Tiere ernähren sich von Gräsern und Kräutern.

Auf einem Felsvorsprung ruhender junger Steinbock mit seinen noch recht kurzen Hörnern

Weißt du's
Wann halten Murmeltiere Winterschlaf?

Vögel der Alpen

Alpendohle

Die Alpendohle hat ein schwarzes Gefieder, einen gelben Schnabel und rote Beine. In den Alpen kommt sie oberhalb der Baumgrenze überall vor. Oft halten sich die Vögel scharenweise in der Nähe von Berggasthöfen und Almhütten auf. Dort hoffen sie etwas Fressbares zu finden.

Weißt du's
Wo bauen Steinadler ihre Nester?

Steinadler

Steinadler haben eine Flügelspannweite von über zwei Metern. Die ausgewachsenen Vögel sind dunkelbraun gefärbt. Die Adler besetzen große Reviere, um genügend Nahrung für sich und ihre Jungen zu finden. Die großen Nester sind fast immer in unzugängliche Felswände gebaut. Die Jungadler verlassen die Nester im Alter von drei Monaten.

Auf einem Felsen sitzender Steinadler

Kolkrabe

Gänsegeier

Gänsegeier sind hervorragende Segelflieger. Sobald sich morgens die Luft erwärmt hat, schrauben sie sich von ihren Schlaffelsen aus in die Höhe. Die Vögel haben scharfe Augen und suchen im Flug nach Nahrung. In den Alpen sind es meist abgestürzte Gämsen oder Steinböcke. Gänsegeier brüten gesellig in Felsnischen.

Der Kolkrabe ist der größte Rabenvogel der Erde. Er hat ein schwarzes, blau glänzendes Gefieder. Auffällig sind der breite Schnabel, der keilförmige Schwanz und die tiefen Rufe. Die Vögel bauen in Felsnischen oder auf hohen Bäumen große Nester. Sie ernähren sich vor allem von Aas.

Rufender Kolkrabe

Alpenschneehuhn

Alpenschneehühner bekommen zu Beginn des Winters ein weißes Gefieder. So sind die Vögel in der verschneiten Landschaft gut getarnt. Im Sommerkleid sind nur die Flügel weiß. Das übrige Gefieder ist dann braun.

Gebirge Amerikas

Widder des Dickhorn-schafes mit den typischen schnecken-förmigen Hörnern

Dickhornschafe leben vor allem im amerikanischen Felsengebirge, in den Rocky Mountains. Im Sommer halten sie sich meist oberhalb der Baumgrenze auf. Im Winter dagegen suchen die Tiere oft in tieferen Lagen Nahrung. Sie fressen Gräser und Kräuter der Bergwiesen, aber auch Laub von Büschen und Bäumen.

Rothörnchen

Das Rothörnchen ist mit unserem Eichhörnchen nah verwandt. Es lebt in den nordamerikanischen Bergwäldern. Meist ist es tagsüber aktiv, und man kann das Tierchen auch das ganze Jahr über beobachten. Es frisst Samen und Nüsse, Pilze und Vogeleier.

Puma

Der Puma heißt auch Berglöwe oder Silberlöwe. Die Raubkatze mit dem einfarbig rotbraunen Fell lebt als Einzelgänger. Jedes Tier braucht ein großes Gebiet, in dem es jagen kann. Die Beute besteht vor allem aus Säugetieren und am Boden lebenden Vögeln.

Gebirge Amerikas

Anden-Kondor

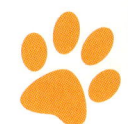

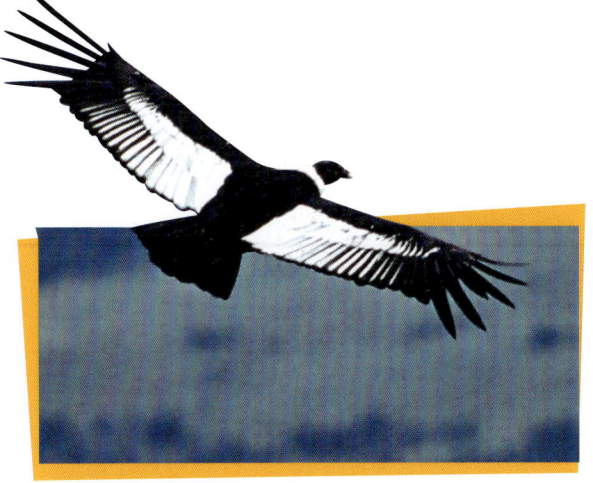

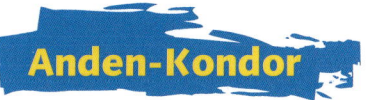

Der Anden-Kondor ist einer der größten Vögel Südamerikas. Seine Flügelspannweite liegt bei drei Metern. Die Vögel ernähren sich von toten Tieren. Ihre Nahrung suchen sie im Segelflug. Dabei fliegen sie oft in großer Höhe.

Schneeziege

Schneeziegen sind typische Bewohner der Hochgebirge im amerikanischen Nordwesten. Sie sind an der Baumgrenze und oberhalb zu beobachten. Dort finden sie auch ihre Nahrung: Gräser, Kräuter und Blätter. Die Tiere haben ein langes, zottiges Fell. Außerdem tragen sie einen Kinnbart und schwarze Hörner.

Weißt du's
Wie nennt man den Puma noch?

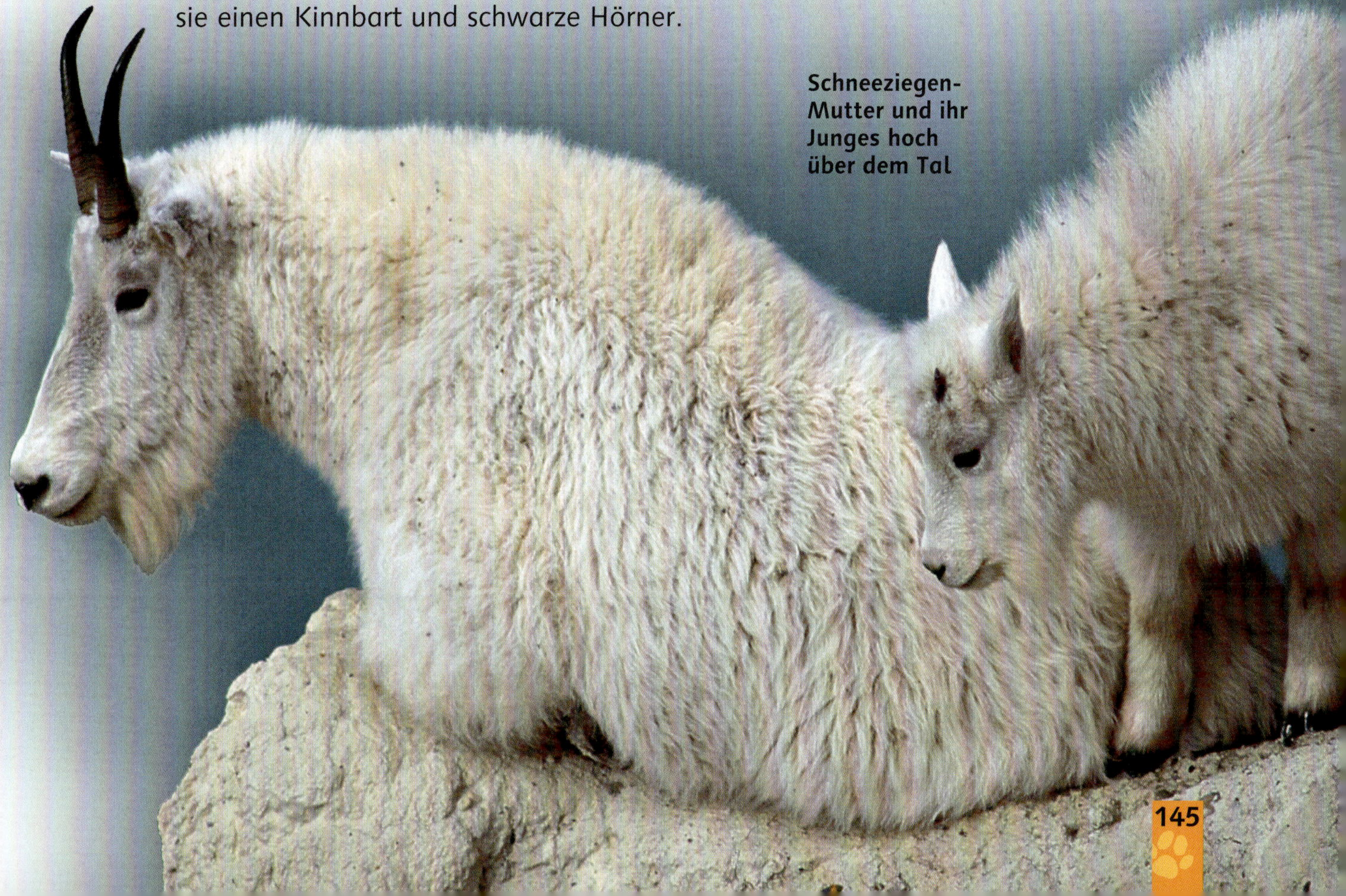

Schneeziegen-Mutter und ihr Junges hoch über dem Tal

Im Himalaja

Schneeleopard

Der Schneeleopard ist eine der schönsten Raubkatzen der Erde. Er lebt im Himalaja, aber auch
in anderen Hochgebirgen im Inneren Asiens. Dort
herrschen harte Lebensbedingungen. Aber an
Schnee und Kälte ist der Schneeleopard gut angepasst. Die Katze jagt größere Tiere, die in ihrem
Lebensraum vorkommen.

Weißt du's
*Welches ist das höchste
Gebirge der Erde?*

Info

**Der Himalaja in Asien ist das
höchste Gebirge der Erde. Der
höchste Berg ist der Mount
Everest mit fast neuntausend
Metern. In den tieferen Lagen
des Gebirges gibt es noch ausgedehnte Wälder. Darüber liegt
eine Zone mit Bergwiesen. In
den großen Höhen sind kaum
noch Lebewesen anzutreffen.**

Bartgeier

Bartgeier werden auch Lämmer-
geier genannt. Die großen Vögel
jagen aber keine lebenden Tiere,
sondern ernähren sich von Aas.
Bartgeier brüten in steilen Felswänden. Sie bauen sehr große
Nester und ziehen meist nur ein
Junges auf. Die Flügelspannweite
des Vogels beträgt rund drei Meter.

**Bartgeier auf
einem Fels-
vorsprung**

Der Kleine Panda macht es sich auf einem Ast gemütlich

Kleiner Panda

Der Kleine Panda wird auch Roter Panda oder Katzenbär genannt. Er hat ein rotbraunes Fell mit einem hellen Gesicht. Als Einzelgänger lebt er in den Wäldern und Bambusdickichten an den Hängen des Himalajas. Seine Nahrung besteht aus Bambus. Daneben frisst der Kleine Panda aber auch Eicheln, Wurzeln, Beeren und gelegentlich Vogeleier und Jungvögel.

Hulman

Der Hulman ist über weite Teile Indiens verbreitet. Im Himalaja kann man die langschwänzigen Affen bis in viertausend Meter Höhe antreffen. Die Tiere leben in Gruppen zusammen. Eine Gruppe kann über hundert Mitglieder umfassen. Die Nahrung besteht vor allem aus Blättern, Blüten und Früchten.

Tiere

der Meere

Das Meer ist der größte Lebensraum der Erde. Es gibt flache Gebiete, aber auch sehr tiefe. Im Meer lebt eine Vielzahl von Tieren. Darunter sind winzig kleine Tiere, die im freien Wasser schweben. Dort halten sich aber auch Quallen, Fische, Robben und Wale auf. Andere Tiere leben am Meeresboden: Korallen, Schnecken und Muscheln, Würmer, Seesterne und Seeigel.

Am Strand der Nordsee

Ohrenqualle

Vor der Ohrenqualle braucht man keine Angst zu haben. Man spürt kein Brennen auf der Haut, wenn man sie anfasst. Aus dem tellerförmigen Schirm hängen dünne Fangarme und vier dickere Mundarme heraus. Damit fängt die Qualle im freien Wasser schwebende Kleintiere.

Weißt du's

Wie viele Bein-paare hat die Strandkrabbe?

Seehund

Im Nordseewatt kann man manchmal Gruppen von See-hunden auf den Sandbänken liegen sehen. Die Tiere haben einen lang gestreckten Körper mit einem kurzen, runden Kopf. Ihr Fell ist graubraun mit schwarzen Flecken. Seehunde jagen Fische, Tintenfische und Krebse. Meist suchen sie ihre Nahrung in flachem Wasser. Sie können aber bis neunzig Meter tief tauchen.

Auf einer Sandbank liegender Seehund

Am Strand der Nordsee

Strandkrabbe unterwegs

Muscheln

Am Strand der Nordsee findet man immer wieder angeschwemmte Schalen von Muscheln und Schnecken. Häufig sind die blau-schwarze Miesmuschel und die weißliche Herzmuschel. Dazwischen findet man oft die Gehäuse von Strand-schnecken.

Strandkrabbe

Strandkrabben gehören zu den Krebsen. Sie haben fünf Paare von Schreitbeinen. Davon ist das erste zu Scheren umgewandelt. Die Tiere fressen Muscheln, andere Krebse und Würmer. Bei Ebbe verkriechen sich die Krabben unter angespültem Tang oder unter Steinen.

Silbermöwe

Silbermöwen sind die häu-figsten Möwen an unseren Küsten. Ihre Nahrung ist sehr vielseitig. Sie umfasst Krebse, Weichtiere, Stachel-häuter und Fische. Aber die Möwen fressen auch andere Vögel und deren Eier. Silber-möwen nisten in Dünen oder an Klippen.

Meeresfische

Muräne

Muränen haben einen lang gestreckten Körper. Im Maul befinden sich spitze Zähne. Tagsüber halten sich die Fische meist in Spalten und Höhlen versteckt. Erst in der Dämmerung gehen sie auf Jagd. Zu ihren Beutetieren zählen andere Fische, Tintenfische und Krebse.

Mittelmeer-Muräne schaut aus ihrem Versteck

Rochen

Rochen haben einen abgeplatteten Körper. Sie leben am Meeresboden und wühlen sich oft in den Sand ein. Einige Arten sind für uns gefährlich. Der größte Rochen ist der Riesenmanta mit sechs Metern Spannweite.

Rotfeuerfisch

Rotfeuerfische haben eine auffällige Form und Färbung. Sie leben an Korallenriffen im Indischen Ozean und im westlichen Pazifik. Die Fische verfügen über ein starkes Gift in der Rückenflosse. Ein Stich ist sehr schmerzhaft.

Weißt du's
Wo wachsen die jungen Seepferdchen heran?

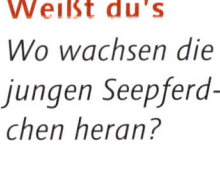

Meeresfische

Seepferdchen

Seepferdchen leben überwiegend in warmen Meeren. Mit ihrem Greifschwanz halten sich diese ungewöhnlich geformten Fische an Pflanzen fest. Die Männchen haben am Bauch eine kleine Tasche. Dorthinein legt das Weibchen seine Eier. Und in dieser Tasche wachsen auch die jungen Seepferdchen heran.

Das Krönchen-Seepferdchen schwimmt aufrecht im Wasser

Info

Die Meere sind eine wichtige Nahrungsquelle für uns Menschen. Viele Meerestiere kann man essen: Schnecken, Muscheln, Tinten-fische, Krebse, Seeigel und Seegurken. Von viel größerer Bedeutung sind aber die Fische. Bekannte Nutzfische sind: Hering, Sardine, Kabeljau, Schellfisch, Seelachs, Seehecht, Rotbarsch, Makrele und Heilbutt.

Hai

Haie sind lang gestreckte und schnelle Raubfische. Ihre Zähne sind spitz und scharf. Der Weißhai, der Blauhai und der Tigerhai können dem Menschen gefährlich werden. Die meisten Haie sind aber harmlos. Der größte ist der Walhai. Er kann achtzehn Meter lang werden. Damit ist er der größte Fisch überhaupt.

Grauer Riffhai – ein perfekter Jäger

Wale und Delfine

Glattwal

Wie alle Wale sind Glattwale Säugetiere. Sie haben Lungen und müssen deshalb in Abständen an die Wasseroberfläche kommen, um zu atmen. Glattwale gehören zu den Bartenwalen. Mit offenem Maul schwimmen sie langsam durch das Meer. Dabei filtern sie mit den Barten Kleintiere aus dem Wasser heraus.

Schwertwal

Der Schwertwal oder Orca wird sechs bis acht Meter lang. An seiner schwarz-weißen Färbung ist er gut zu erkennen. Er gehört zu den Zahnwalen, hat also Zähne im Maul. Schwert-wale fressen Fische und Tintenfische. Sie jagen aber auch andere Wale, Robben und Meeres-vögel.

Weißt du's
Man teilt die Wale in zwei Gruppen. In welche?

Springender Schwertwal

Wale und Delfine

Info

Die Biologen unterscheiden zwei große Gruppen von Walen: die Zahnwale und die Bartenwale. Barten sind Hornplatten, mit denen die Tiere Nahrung aus dem Wasser filtern. Zu den Bartenwalen gehört der Blauwal. Er ist das größte Tier, das heute auf der Erde lebt. Er wird rund dreißig Meter lang. Sein Gewicht entspricht dem von dreißig Elefanten oder anderthalbtausend Menschen. Der beste Taucher unter den Walen ist der Pottwal. Er kann dreitausend Meter tief tauchen.

Großer Tümmler

Der „Flipper" aus den Fernsehsendungen wird Großer Tümmler genannt und gehört zu den Delfinen. Er lebt in allen Ozeanen mit Ausnahme der Polargebiete. Alle Delfine haben Zähne im Maul. Damit gehören sie zu den Zahnwalen. Sie jagen hauptsächlich Fische, aber auch Tintenfische.

Buckelwal

Der Buckelwal wird rund fünfzehn Meter lang. Er ist über fast alle Meere der Erde verbreitet. Taucht der Bartenwal in größere Tiefen ab, zeigt er seine waagerecht stehende Schwanzflosse, auch Fluke genannt.

Große Tümmler

Tropische Inseln

Fregattvogel-Männchen mit aufgeblasenem Kehlsack

Fregattvogel

Fregattvögel sind sehr gute Flieger. Sie sind darauf spezialisiert, anderen Vögeln die Beute abzujagen. Außerdem fressen sie Meerestiere, junge Meeresvögel und junge Meeresschildkröten. Bei der Suche nach einer Partnerin bläst das Männchen seinen roten Kehlsack auf. Findet es ein Weibchen, beginnt bald der Nestbau.

Grüne Meeresschildkröte

Schildkröten gehören zu den Kriechtieren. Bei den Meeresschildkröten sind die Beine zu Paddeln umgewandelt. Zum Ablegen der Eier müssen die Weibchen an Land gehen. Zunächst graben sie ein Loch in den weichen Strand. Dann legen sie die Eier hinein und decken es wieder zu. Ein Gelege kann über zweihundert Eier umfassen.

Korallen

Korallen sind Kolonien aus niederen Meerestieren. In deren Innerem sind Kalknadeln oder Horn eingelagert. Die Kolonien können zu großen Riffen zusammenwachsen. Die größten Korallenriffe der Erde liegen vor der Nordostküste Australiens und in der Südsee. Korallen leben vor allem in den obersten Wasserschichten warmer Meere.

Weißt du's

Wo legen Meeresschildkröten ihre Eier ab?

Tropische Inseln

Klippenkrabbe

Einer der schönsten Krebse der Erde ist die Klippen- krabbe. Die Tiere haben einen leuchtend orangeroten Panzer. Oft ist er zusätzlich mit blauen oder goldenen Punkten übersät. Man kann die Tiere auf tropischen Fels- stränden beobachten. Bei der kleinsten Störung ver- stecken sie sich aber.

Anemonenfisch

Wegen ihrer bunten Färbung werden Anemonenfische auch Clownsfische genannt. Sie leben mit See-Anemonen zusammen. Die meiste Zeit halten sie sich zwischen deren Fangarmen auf. Durch das Nesselgift der Anemonen sind sie gut vor Angriffen anderer Fische geschützt. Ihnen selbst macht das Gift nichts aus.

Anemonenfische in ihrer See- Anemone

Tiere

in Savannen und Wüsten

In großen Gebieten der Erde fällt nicht so viel Regen, dass Bäume überleben können. Stattdessen wachsen dort Gräser. Man spricht hier von Steppen, in Nordamerika auch von der Prärie und in Südamerika von der Pampa. In Afrika gibt es auch Steppen mit lockerem Baumbestand, die Savannen. Fällt nur ganz wenig Regen, bilden sich Halbwüsten und Wüsten.

Afrikanische Savanne

Strauß

Strauße sind die größten und schwersten Vögel der Erde. Sie werden bis zwei Meter hoch. Die Vögel haben lange, kräftige Beine und können schnell rennen. Sie brüten in einer Mulde am Boden. Strauße legen die größten Eier, die es gibt. Ein Ei wiegt so viel wie 24 Hühnereier.

Die Giraffenmutter und ihr Junges beobachten aufmerksam die Umgebung

Kopf eines Breitmaulnashorns

Giraffe

Giraffen gibt es nur in Afrika. Die Tiere haben lange Beine und einen ganz langen Hals. Sie können noch in vier bis sechs Meter Höhe an Bäumen fressen. Dagegen haben es die Tiere beim Trinken ziemlich schwer. Dann müssen sie die Vorderbeine weit auseinanderstellen und den langen Hals herabbeugen. Giraffen bekommen meist nur ein Junges.

Nashorn

Es gibt mehrere Arten von Nashörnern. Zwei davon leben in Afrika, drei in Asien. Das größte ist das Breitmaulnashorn. Es weidet in der afrikanischen Savanne Gräser ab. Deshalb hat es auch ein ziemlich breites Maul. Die Hörner der Tiere bestehen aus zusammengeklebten Haaren.

Afrikanische Savanne

Zebra

Zebras sind mit den Pferden nah verwandt. Ihr Fell ist aber weißlich und hat schwarze Streifen. Die Tiere fressen Gras, manchmal auch Blätter und Rinde. Den Tag verbringen sie mit Weiden und Trinken. Zwischendurch ruhen und schlafen sie.

Weißt du's
Wer führt eine Elefantenherde an?

Afrikanischer Elefant

Elefanten sind die größten Landtiere, die es heute gibt. Ihre auffälligsten Merkmale sind der Rüssel und die Stoßzähne. Der Rüssel ist die verlängerte Nase. Damit reißen die Tiere aber auch die Nahrung ab. Und beim Trinken spritzen sie sich damit Wasser ins Maul. Meist trifft man Elefanten in Herden von zehn bis zwanzig Tieren an. Sie werden von einem alten, erfahrenen Weibchen angeführt.

Raubtiere Afrikas

Der Gepard ist das schnellste Säugetier, das auf der Erde lebt. Hat er ein Beutetier entdeckt, pirscht er erst vorsichtig näher. Dann spurtet er plötzlich los. Dabei kann er eine Geschwindigkeit von rund einhundert Kilometern pro Stunde erreichen. Nach der Jagd muss sich der Gepard erst eine Weile ausruhen.

Löwe

Der „König der Tiere" jagt Antilopen und Zebras, aber auch Giraffen und Büffel. Meist jagen die Großkatzen gemeinsam. Durch einen Biss ins Genick oder in die Kehle töten sie die Beute. Dann versammeln sich die Rudelmitglieder und fressen gemeinsam. Anschließend ruhen sie sich lange aus.

Löwen-Männchen mit der typischen Mähne

Raubtiere Afrikas

Leopard

Der Leopard ist eine Großkatze, die man nur selten zu Gesicht bekommt. Er ist ein Einzelgänger und jagt aus dem Hinterhalt heraus. Oft zerrt er seine Beute auf einen Baum hinauf, um dort in Ruhe zu fressen. Wo Leoparden ungestört jagen können, sind sie sowohl tagsüber als auch nachts aktiv.

Auf einen
Baum ruhender
Leopard

Info

Raubtiere jagen auf unterschiedliche Weise. Sie lauern auf ihre Beute und springen sie aus kurzer Entfernung an. Oder sie pirschen die Beute an und erlegen sie nach einem Sprint. Die einen gehen allein auf die Jagd, die anderen in Gruppen.

Hyäne

Weißt du's
Wann gehen Hyänen auf die Jagd?

Hyänen leben in Rudeln. Jedes Rudel hat ein eigenes Revier, in dem es jagt und seine Jungen aufzieht. Die Tiere jagen vorwiegend in der Dämmerung und nachts. Bei der Jagd arbeiten sie zusammen. Ihre Beutetiere sind Antilopen und Zebras. Gemeinsam können sie aber auch einem Löwen, Leoparden oder Geparden die Beute abnehmen.

 # Wüsten in Afrika

Spießbock

Nicht ohne Grund heißt diese Antilope „Spießbock". Sowohl die männlichen als auch die weiblichen Tiere tragen lange, spießförmige Hörner. Die Hörner können über einen Meter lang werden. Ein anderer Name des Spießbocks ist Oryx-Antilope.

Dromedar

Das Dromedar, das Einhöckrige Kamel, wird vor allem als Reit- und Lasttier genutzt. Noch heute sind in Nordafrika und Arabien Karawanen unterwegs. Die Tiere liefern aber auch Milch, Fleisch, Wolle, Felle und Mist. Sie fressen Gräser, Kräuter und Blätter von Büschen und Bäumen.

Pillendreher

Pillendreher gehören zu den Käfern, die Brutpflege treiben. Sie legen ihre Eier in eine selbst gebaute Mistkugel. Diese Kugel vergraben sie im Boden. Die Larven haben dann gleich nach dem Schlüpfen etwas zu fressen.

Pillendreher auf seiner Mistkugel

Erdmännchen

Die gesellig lebenden Erdmännchen gehören zu den Schleichkatzen, sind also Raubtiere. Von ihren Bauen aus gehen die Tiere tagsüber auf Nahrungssuche. Im Boden scharren und graben sie nach Kleintieren und Wurzeln. Zwischendurch machen sie immer wieder Männchen, um nach Feinden Ausschau zu halten.

Weißt du's

Wozu nutzt man das Dromedar vor allem?

Aufmerksames Erdmännchen auf einem Termitenhügel

Fennek

Der Fennek oder Wüstenfuchs hat sehr große Ohren, große Augen und eine spitze Schnauze. Tagsüber ruht er in seinem unterirdischen Bau. Erst in der Nacht geht er auf Nahrungssuche. Er frisst Kleintiere, Eidechsen, Kleinsäuger und Vögel.

Nordamerikas Prärie

Präriehund

Präriehunde leben im Westen Nordamerikas. Sie sind sehr gesellige Tiere und bilden stellenweise riesige Kolonien. Wenn Gefahr droht, warnen sie sich gegenseitig. Flink verschwinden alle in ihrem Bau. Einige Zeit später erscheinen die Tiere wieder eines nach dem anderen an der Erdoberfläche. Und bald geht das Leben in der Kolonie wieder seinen gewohnten Gang.

Bison

Bisons sind wuchtige Tiere mit massigen Köpfen. Mit diesen Tieren war das Leben der Prärie-Indianer eng verbunden. Wenn es viele „Indianerbüffel" gab, hatten die Indianer genügend zu essen. Konnten die Indianer keine Bisons jagen, hungerten sie.

Miteinander spielende Präriehunde

Klapperschlange

Zusammengerollte Gehörnte Klapperschlange

Klapperschlangen gibt es nur in Amerika, und alle sind giftig. Ihr bekanntestes Merkmal ist die Klapper am Schwanzende. Sie setzt sich aus einzelnen Ringen zusammen. Klappert die Schlange damit, heißt das: „Bleib mir vom Leib!" Reicht die Warnung nicht aus und fühlt sich die Schlange ernsthaft bedroht beißt sie zu.

Carolinataube

Die Tauben mit dem langen, spitzen Schwanz kommen in unterschiedlichen Lebensräumen vor. Sie leben auch in den Prärien und Wüsten. Dort bauen sie ihre Nester manchmal in Kakteen, wo sie vor Feinden gut geschützt sind. Ihre Nahrung suchen die Vögel am Boden. Vor allem fressen sie Samen.

Weißt du's
Wo sitzt die Klapper der Klapperschlange?

Kojote

Kojote

Kojote

Der Kojote ist das bekannteste Raubtier Amerikas. Wegen seines Lebensraumes wird er auch Präriewolf genannt. Ein weiterer Name ist Heulwolf. Kojoten jagen vor allem kleine Nagetiere und Kaninchen. Gelegentlich greifen sie aber auch Haustiere an. Deshalb stellen ihnen die Farmer bis heute unerbittlich nach.

Trockengebiete in Australien

Kakadu

Kakadus gehören zu den Papageien. Alle haben eine Federhaube auf dem Kopf. Neben dem weißen Gelbhauben-Kakadu gibt es auch rosa und grau gefärbte Kakadus und ganz schwarze. Die Vögel brüten in Baumhöhlen. Ihr Name leitet sich von dem asiatischen Wort „kakatua" ab. Es bedeutet so viel wie „Kneifzange". Damit ist der kräftige Schnabel der Vögel gemeint.

Miteinander schnäbelnde Gelbhauben-Kakadus

Emu

Der flugunfähige Emu ist der größte Vogel Australiens. Er frisst Insekten, aber auch Teile verschiedener Pflanzen. Sein Nest steht am Boden. Das Weibchen legt nur die Eier ab. Das Brüten und die Aufzucht der Jungen übernimmt dagegen das Männchen.

sich aus verhunden ent-
gd gehen
nd in der
hts. Sie
und
wil-
nin-
auch
en.

Trockengebiete in Australien

Bartagame

In den heißen und trockenen Gebieten im Inneren Australiens leben viele Kriechtiere. Recht häufig sind die Agamen. Diese Tiere sind mit unseren Eidechsen verwandt. Bartagamen blasen sich bei Gefahr auf und öffnen den Mund. Das sieht furchterregend aus, und mancher Feind wird abgeschreckt. Seine Eier legt das Weibchen im Boden ab.

Weißt du's
Wie verhalten sich Bartagamen bei Gefahr?

Känguru

Kängurus hüpfen auf ihren langen Hinterbeinen durch die Gegend. Im Sitzen stützen sie sich mit dem kräftigen Schwanz ab. Die Tiere fressen vor allem Gräser und Kräuter. Meist bekommen sie nur ein Junges. Es kriecht nach der Geburt in den Beutel am Bauch der Mutter. Später folgt es der Mutter zu Fuß, kehrt aber bei Gefahr in den Beutel zurück.

Weibchen des Roten Riesenkängurus mit seinem Jungen

Tiere

in den Polargebieten

Im hohen Norden wird der Wald allmählich immer lichter. Schließlich erreicht man die Waldgrenze – und damit die Arktis. Um den Nordpol herum liegt ein von Eis bedecktes Meer. Der Südpol dagegen befindet sich auf einem eisbedeckten Kontinent, der Antarktis. In den Polargebieten ist es kalt, und es herrscht lange Zeit des Jahres Dunkelheit. Dennoch können dort Pflanzen und Tiere leben.

In der Tundra

Arktisches Erdhörnchen

Das Arktische Erdhörnchen lebt im hohen Norden Nordamerikas. Anders als Eichhörnchen halten sich Erdhörnchen vorwiegend am Boden auf. Dort suchen sie auch ihre Nahrung. Immer wieder sieht man die Tiere Männchen machen und nach Feinden Ausschau halten.

Rentier

Rentiere sind über den gesamten hohen Norden verbreitet. In Nordamerika nennt man sie allerdings Karibus. Sie bewohnen die nördlichen Waldgebiete und die Tundra. Rentiere fressen Flechten und Pilze, Gräser, Kräuter und Laub. Männliche und weibliche Tiere tragen ein Geweih. Im Lauf des Jahres unternehmen sie lange Wanderungen.

Info

Das Wort „Tundra" leitet sich von dem finnischen Wort „tunturi" ab. Es bedeutet so viel wie „unbewaldeter Hügel". Tatsächlich wachsen in der Tundra keine Bäume mehr. Diesen Lebensraum finden wir im gesamten hohen Norden.

Flüchtende Karibus

In der Tundra

Eisfuchs

Der Eis- oder Polarfuchs ist ein Verwandter des Rotfuchses. Er ist aber kleiner und bekommt im Winter ein weißes Fell. So ist er in der verschneiten Landschaft gut getarnt. Eisfüchse jagen kleine Nagetiere, Hasen und Vögel. Sie fressen aber auch Beeren, Aas und Abfälle.

Wolf

Der Wolf ist der wilde Vorfahre des Haushundes. Die meiste Zeit des Jahres leben Wölfe in Familiengruppen zusammen. Sie jagen dann Hasen, Nagetiere und Vögel. Im Winter jagen Wölfe dagegen in großen Rudeln und gemeinsam greifen sie auch große Tiere an: Hirsche, Elche, Rentiere und Moschusochsen. In freier Natur gehen Wölfe dem Menschen meist aus dem Weg.

Aufmerksam beobachtender Wolf

Weißt du's

Womit tarnt sich der Eisfuchs im Winter?

Vögel im Norden

Papageitaucher

Der Papageitaucher brütet an den Fels-
küsten im Norden. Er hat ein schwarz-weißes
Gefieder, einen bunten Schnabel und knall-
rote Schwimmfüße. Der Vogel kann sehr
gut tauchen. In seinem Schnabel kann er
mehrere Fische sicher festhalten. Der Papageitaucher brütet mit Artgenossen zusammen. Er ist ein Höhlenbrüter.

Küstenseeschwalbe

Seeschwalben sind gewandte Flieger. Sie
leben überwiegend am Meer und brüten
in Kolonien. Die Küstenseeschwalbe ist
ein Rekordhalter: Sie brütet im hohen
Norden und zieht dann hinunter in den
Süden bis in die Antarktis. Einen länge-
ren Zugweg hat kein anderer Vogel.

Weißt du's
*Welche Form hat
das Ei der Trottel-
lumme?*

Falkenraubmöwe
auf einem Felsen

Falkenraubmöwe

Raubmöwen verfolgen andere
Meeresvögel im Flug, um ihnen
den Fang abzunehmen. Sie jagen
aber auch selbst. Zu ihrer Beute
zählen kleine Säugetiere und
Vögel. Auf dem offenen
Meer fressen sie Fische,
Krebse und Tintenfische.
Alle Raubmöwen
brüten am Boden.

Vögel im Norden

Schneegans

Schneegänse haben ein weißes Gefieder mit schwarzen Flügelspitzen. Im hohen Norden ist der Sommer sehr kurz, und innerhalb von drei Monaten müssen die Gänse ihre Jungen aufziehen. Im September fliegen sie weit nach Süden, um zu überwintern.

Rufende Trottellumme am Brutplatz

Trottellumme

Lummen sind schwarz-weiße Meeresvögel, die nur zur Brutzeit an die Küsten kommen. In großen Kolonien legen sie in Felswänden ihre birnenförmigen Eier ab. Die Vögel gehen unter Wasser auf Nahrungssuche. Sie jagen Fische und können zwei Minuten unter Wasser bleiben und zwanzig Meter tief tauchen.

Säugetiere kalter Meere

Eisbär

Eisbären haben ein weißes oder gelbliches Fell. Sie leben vor allem im Packeis der Arktis. Dort stellen sie ihrer Hauptbeute nach, den Robben. Die meisten Eisbären sind das ganze Jahr über aktiv. Einzig die trächtigen Weibchen ziehen sich zum Winter hin in eine Schneehöhle zurück. Dort werden im Dezember oder Januar die Jungen geboren. Sie müssen noch einige Zeit wachsen, bevor sie im April die Höhle verlassen können.

Aufrecht sitzender Eisbär

Sattelrobbe

Sattelrobben leben im hohen Norden. Man kann sie im Meer und auf dem Packeis beobachten. An Land gehen die Tiere fast nie. Sie fressen Fische und Krebse. Ihre Jungen bekommen sie im ausgehenden Winter. Die jungen Sattelrobben haben ein weißes Fell und wachsen schnell heran.

Säugetiere kalter Meere

Walross

Walrosse können fast vier Meter lang werden. Sie haben lange Stoßzähne aus Elfenbein im Oberkiefer. Die Tiere leben im nordpolaren Packeis, aber auch an den Küsten. Ihre Nahrung suchen Walrosse am Meeresboden. Sie fressen vor allem Muscheln.

Info

Säugetiere, die in kaltem Wasser leben, müssen eine gute Wärmedämmung haben. Es muss verhindert werden, dass Körperwärme verloren geht. Einige dieser Tiere haben ein langhaariges Fell. Wichtiger ist aber eine Fettschicht unter der Haut. Sie kann mehrere Zentimeter dick sein.

Südlicher See-Elefant

See-Elefanten sind riesig. Ihr Name bezieht sich auf die Größe der Tiere und auf den aufblasbaren „Rüssel" der Bullen. Der Südliche See-Elefant lebt vor allem auf den Inseln um die Antarktis herum. Die Bullen werden über sechs Meter lang und fast vier Tonnen schwer. Die Tiere können über tausend Meter tief tauchen und über eine Stunde unter Wasser bleiben. Sie ernähren sich von Fischen und Tintenfischen.

Weißt du's
Wovon ernähren sich Sattelrobben?

Südlicher See-Elefant „winkt" mit erhobener Vorderflosse

Pinguine

Mit abgespreizten
Flügeln laufender
Eselspinguin

Felsenpinguin

Pinguine leben nur im tiefen Süden der
Erde. Allerdings dringen nicht alle bis in
die Antarktis vor. Der Felsenpinguin beispielsweise lebt auf Inseln weiter nördlich. Er brütet in großen Kolonien. Sie
liegen meist an felsigen Küsten. Darauf
bezieht sich auch der Name des Vogels.

Weißt du's
*Was versteht man
unter „Krill"?*

Eselspinguin

Pinguine sind sehr gut an das
Leben im Meer angepasst. Sie
haben kurze und breite Flügel,
die sie wie Flossen einsetzen.
Die Stimme dieses Pinguins hat
ihm zu seinem Namen verholfen:
er ruft ähnlich wie ein Esel. Die
Vögel tragen kleine Steinchen zu
einem Hügel zusammen, um darauf
zu brüten. Sie legen zwei Eier.

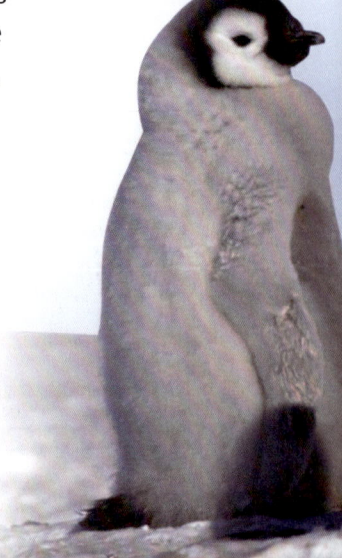

Pinguine

Adéliepinguin

Der Adéliepinguin hat ein schwarz-weißes Gefieder. Um die Augen herum befindet sich ein weißer Ring. Die Vögel fressen hauptsächlich Krill. Das sind kleine Krebse, die im Wasser schweben. Außerdem jagen sie Fische und Tintenfische. Der Adéliepinguin brütet rund um die Antarktis und auf einigen Inseln nördlich davon.

Kaiserpinguin

Der Kaiserpinguin lebt auf dem antarktischen Kontinent. Die Vögel jagen vor allem Tintenfische, fressen aber auch Fische und Krill. Sie brüten im antarktischen Winter. Kaiserpinguine werden über einen Meter groß und sind damit die größten Pinguine der Erde.

Königspinguin

Königspinguine sind die zweitgrößten Pinguine, die es gibt. Sie werden knapp einen Meter groß und brüten auf Inseln nördlich der Antarktis. Dort leben die Vögel in großen Kolonien zusammen. Die jungen „Könige" tragen ein braunes Daunenkleid.

Kaiserpinguin mit „Kindergarten"

Wo sind diese Bilder im Buch?

Seite 50

Seite 20

Hafenrundfahrt

Willy-Brandt-Platz

Seite 44

Seite 66

Seite 37

Seite 25

Seite 16

Seite 56

Seite 92

Seite 40

Seite 61

Seite 68

Seite 116

Seite 106

Seite 150

Seite 137

Seite 169

Seite 155

Seite 170

Seite 178

Seite 163

Seite 134

Seite 122

Seite 105

Register

Lösungen:

Seite 10 Sonne, **13** Eisen und Nickel, **15** Sedimentgestein, **16** Alpen, **19** Venezuela, **20** Gezeiten, **24** nein, nur Sommer und Winter, **27** Küken, **29** Chlorophyll, **32** aus allen Farben des Regenbogens (rot, orange, gelb, grün, blau, indigo und violett), **34** aus Eiskristallen, **36** Amboss, **40** Grundwasser, **43** Auge, **44** Tsunami, **46** in den Polargebieten, **50** im Laubwald, **52** Baumgrenze, **54** Großes Barriereriff, **57** um Felder anzulegen, **58** Prärie, **61** Arktis, **65** an schattigen, feuchten Orten, z.B. in Wäldern, **67** Pollen, **68** Bucheckern, **71** Lärche, **72** Waldwege und Waldlichtungen, **76** sechs, **79** abends, **80** auf Gräsern, Blumen und im Gebüsch, **83** Königin, Arbeiterinnen, Drohnen (im Sommer), **85** Walhai, **87** Zauneidechse, Schildkröte, Ringelnatter, **89** Afrika, **90** weil sie ihre Jungen mit Milch säugen, **93** Bambus, **96** in Südamerika, **99** außen an Gebäuden, **101** an seiner roten Brust und der schwarzen Kopfplatte, **102** von der Stockente, **104** weiß, nur die Schwanzspitze ist schwarz, **107** in den Wäldern Europas und Asiens, **110** in einer Baumhöhle, **113** aus Nadeln, kleinen Zweigen, Moos und Erde, **114** Frischlinge, **117** Fledermaus, **118** im Winter, **120** mit der langen Zunge, **123** Jaguar, **124** Waldmensch, **128** in Lehmwänden an den Ufern der Bäche, **131** an den gelben Flecken am Kopf, **133** in Uferzonen von Seen und Weihern, **134** Hellblau, **137** sie spießen ihre Beute mit dem Schnabel auf, **141** von Oktober bis April, **142** in unzugänglichen Felswänden, **145** Berglöwe oder Silberlöwe, **146** Himalaja, **150** vier, ein fünftes Paar ist zu Scheren umgewandelt, **152** in einer Tasche am Bauch des Männchens, **154** Zahnwale und Bartenwale, **156** in Löcher am Strand, **161** ein altes, erfahrenes Elefanten-Weibchen, **163** in der Dämmerung und nachts, **165** als Reit- und Lasttier, **167** am Schwanzende, **169** sie blasen sich auf und öffnen den Mund, **173** mit seinem weißen Fell, **174** es ist birnenförmig, **176** von Fischen und Krebsen, **178** kleine Krebse, die im Wasser schweben.

Bildquellennachweis

Friedrich-Wilhelm Busch, Bünde: 128 ol; Manfred und Susanne Danegger, Billafingen: 95, 97 ol, 98 u, 99 u, 100 r, 101 o, 105 ol, 105 ur, 109, 110/111 u, 111 or, 112 u, 113 o, 115 u, 116 o, 117 ol, 117 u, 130/131 m, 140 ur; DIGITALSTOCK (www.digitalstock.de): 22, 24 u, 28 u, 30, 33 u, 34 o, 50 m, 50 ul, 51 ur, 54 o, 55 o, 62, 66 or, 67 ol, 68 ul, ur, 69 or, 70 o u, 71 r, 72 r, 73 u, 76 ul, 78 u, 81 um, 85 o m, 85 ur, 86 m, 87 o, 88 u, 92 u, 128 o, 182/183 (Hintergrund Wasser); Dieter Eichler, Jochberg: 152 mr, 152/153 u; F1 Online: 25 ol Johnér, 25 om or m Wolf; iStockphoto (www.istockphoto.com): 5 Yves Grau, 11 m Paul Morton, 11 u phil morley, 15 u John Archer, 16 u Asbjorn Aakjaer, 17 m anja frost, 18 Lucyna Koch, 19 o vigouroux frédéric, 20 u Lisa Valder, 21 o Erik Miles, 21 ml Karen Locke, 21 mr Alex Harris, 25 u alohaspirit, 27 u Veronika Trofer, 36 o Rey Rojo, 37 o Dave Raboin, 38 Julien Grondin, 39 Brett Hillyard, 40 u james steidl, 41 u William Walsh, 42 ur Eniko Balogh, 43 ol Beverly Vycital, 43 ur Sean Martin, 45 o mikhail pogosov, 45 u Chuck Babbitt, 49 Mark Kostich, 50 o ray roper, 51 o Vladimir Melnikov, 52 u Martin Ruta, 53 u Tomasz Kobiela, 54 ul Jacintha van Beemen, 54/55 u Edwin van Wier, 59 m Jed Brown, 59 u José Carlos Pires Pereira, 60/61 o Thomas Pickard, 60 ml Heinz Effner, 60/61 u Alexander Hafemann, 60 mr Jan Will, 64 ml Nancy Barr-Raper, 64 ul asist, 65 o Laurent Renault, 69 ol AVTG, 74 Marshall Bruce, 76 o Gary Wales, 77 o Willem Dijkstra, 78 o Dmitry Rukhlenko, 78 m Herve Lavigne, 79 o Matt Tilghman, 81 m Veigo Evard, 84 u Klaas Lingbeek – van Kranen, 90 o Dale Walsh, 90 u Nemanja Glumac, 91 o Martin Valigursky, 91 m Mark Wilson, 92 o Matt Tilghman, 93 o Sam Lee, 93 u Linda Macpherson; JUNIOR/Juniors Tierbildarchiv, Ruhpolding: 96 (M. Wegler), 98 m, 100 ol, 104 m, 106 or, 113 u, 115 ol, 124 o (E. u. P. Bauer), 154 u, 156 u, 157 u; Petra Kita: 19 m; NASA: NASA/GFSC: 13 u, 42 l; NASA/Jacques Descloitres: 21 u; NASA/JPL/NIMA: 12 m; NASA Earth Observatory: 44 u; visibleearth.nasa.gov: 8, 10, 11 o; Dietmar Nill/linnea images, Berlin: 117 or; PIXELIO (www.pixelio.de): 12 o Jochen, 14 ol Birgit H., 14 mr Hanseat, 14 u Edith Ochs, 16 o Otmar Luttmann, 17 o bardo, 17 u Obelix, 47, 23 Angelika Lutz, 26 or Jenafoto 26, 26 u Christian Dotzauer, 27 or Sigrid Christl, 28 o bretagne_32, 28 m Helmut, 29 ml dieter haugk, 29 r Christine Lange, 32 o Verena N., 32 u Wolfgang, 34 u krister 69, 35 o bbroianigo, 36 u tutto62, 39 u Jörg Trampert, 40 o Freia Willems-Theisen, 44 o traviadan, 46 u Marco Barnebeck, 47 rebel, 47 or Hans Peter Dehn, 52 o Renato Buergler, 56 ol Günther Dotzler, 56 ur wetterchen, 57 ol moorhenne, 64 or Coastdriver, 65 u emmess, 66 ml Paul-Georg Meister, 66/67 u Hans Peter Dehn, 67 or Marco Barnebeck, 69 ul bbroianigo, 69 r M. Heinisch, 70 m Wolfgang Eckerle, 72 l brit berlin, 73 o Betty, 73 mr Dieter Kaiser, 75 Peashooter, 77 mu joakant, 78/79 u Joujou, 80 o bbroianigo, 80 u Hans-Jürgen Schneider, 81 o dalmatiner, 81 ur Kurt Michel, 82 l Verena N., 82 ur Ilse, 82/83 o Johann Dudla, 83 ul Thomas Werner, 84 o Silvia Provolija, 86 o dieter haugk, 86 u Winternitz, 87 u tt, 88 ol Tobias Bräuning, 88/89 o Templermeister, 89 or Hanspeter Bolliger, 91 u Regina Kaute; Dr. Eckart Pott, Stuttgart: 7, 97 or, 99 o, 101 u, 102, 103 m, 103 u, 104 u, 105 or, 106 ol, 106 u, 107, 108, 110 o, 111 ol, 114, 115 r, 116 u, 118 o, 118 ul, 118/119 u, 119 o, 119 m, 122 ur, 123 u, 124 ur, 125 ol, 126, 127, 128 r, 129, 131 mr, 131 ur, 132 u, 132 o, 133 o, 133 u, 134 u, 134/135 o, 135 m, 135 or, 135 u, 136 ol, 136 u, 137 ol, 137 m, 138, 139, 140 ol, 140 or, 140 ul, 141, 142 o, 142/143 u, 143 or, 143 ml, 143 mr, 144 l, 144 m., 144 ur, 145 u, 146 m, 146 u, 148, 149, 150 o, 150 u, 151 ol, 151 or, 151 u, 152 ol, 152 ml, 153 o, 154 o, 155 r, 155 u, 156 ol, 156 mr, 157 o, 158, 159, 160 o, 160 l, 160/161 m, 161 o, 161 mr, 162 ol, 162 u, 163 o, 163 m, 164 or, 164 u, 165 l, 165 r, 166 l, 166 u, 167 ol, 167 or, 167 u, 168 ur, 169 l, 169 r, 170, 171, 172 o, 172 u, 173 o, 173 u, 174 o, 174 M, 174 u, 175 l, 175 r, 176 l, 176 r, 177 o, 177 u, 178 l, 178 or, 179 ol, 179 mr, 179 u; Gertrud Schulte, Hagen: 122 o; SOHO (ESA & NASA): 94–95 (Hintergrund); wikipedia: 15 o Gery Parent; Winfried Wisniewski, Waltrop: 111 ur, 136 m; Konrad Wothe, Penzberg: 97 u, 98 o, 103 o, 112 o, 112 m, 120 l, 120 u, 120/121 o, 121 u, 122 ul, 123 o, 124 ul, 125 r, 128 u, 130 l, 145 ol, 147 o, 147 u, 164 m, 168 ol, 168 or; www.iceland.de: 4–5 (Hintergrund); Sabine Zürn: 19 u, 20 o, 24 m, 26 ol, 31, 32 m, 33 o, 35 m u, 41 o, 46 o, 48, 53 o, 56 mr, 57 u, 58 o u, 59 o, 63, 68 ol or, 88 m, 89 u.

Illustrationen: Anna-Luisa und Marina Durante: 10 mr, 12 o, 24 o.

Bibliografische Information der Deutschen Nationalbibliothek

Die Deutsche Nationalbibliothek verzeichnet diese
Publikation in der Deutschen Nationalbibliografie;
detaillierte bibliografische Daten sind im Internet
über **http://dnb.d-nb.de** abrufbar.

3   2   1   14   13   12

Umschlaggestaltung: dieBeamten.de / Anja Langenbacher
und Reinhard Raich
Text: Bärbel Oftring (S. 8–93), Eckart Pott (S. 94–179)
Redaktion: Sabine Zürn
Printed in Germany

ISBN: 978-3-473-55184-2

www.ravensburger.de